京都を愉しむ

歴史でめぐる伏見の旅

「THE 伏見」編集部／編

はじめに

「港」から読み解く、伏見の町の物語

伏見《ふしみ》は京都にありながら、都とは異なる独自の文化を育んできた町であろうか。市外または畿外から見れば京都の文化圏内にあるのは確かであるし、行政区としても京都市になる。だが、いわゆる〝洛中〟に住む人たちにしても、当の伏見に暮らす我々にしても「別もの」「違う町」という意識は強い。それは地理的に離れているというだけでは済ますことができない、町の成り立ち、そして果たしてきた役割が根底にあるように思われる。

伏見を知るうえで欠かせないのは、この町が、かつて「港湾《こうわん》都市」だったという視点ではないだろうか。現代の私たちからすれば港といえば海辺にあるものと思いがちだが、移動と運輸の主が船だった時代には、水運の要衝《ようしょう》は政治・経済・軍事の面から重視された。伏見は内陸の地にあって、太古より巨椋池《おぐらいけ》が広がっており、宇治川・桂川・木津川はこの池と称する大きな湖に流れ注いでいたため、大陸の文化や技術もこの天然の水路を使って伝えられ、やがては平安京と日本各地、また異国を淀川水運で結ぶ「都の玄関口」としての役割を担うようになった。

そして、港町としての伏見の魅力に目をつけたのが、豊臣秀吉である。彼は伏見に港

を整備し、城を築いて、ここから世に号令した。伏見城は秀吉から徳川家康に引き継がれ、江戸に幕府が開かれて城下町としての機能を失ったのちも、淀川水運の中心地であるがために、幕府は京都奉行所とは別に伏見奉行所を置いた。

太古から貴族の世、武士たちの時代、そして幕末から明治維新に至るまで、都へ行き来する人々の多くが伏見を通り、ありとあらゆるものが集められ、都から一歩離れたこの地で特別な商談・密談も行われた。それは都の洗練とはひと味違う、雑多な事物を伏見に残したといえる。この町が持つ「おもちゃ箱」をひっくり返したような種々の顔は港が造り出した文化そのものなのだ。

伏見は港町であることを、心にとめておきさえすれば、伏見に数多く残る名所旧跡や文化、風習、伝承といった点が線で結ばれる。すると、あなたの中で物語がすらすらと繋がり、流れ出すに違いない。

この本は、その一助になるべく、新たな試みとして編成されている。単に観光名所をスポットとして巡るのではなく、背景にある歴史や文化の大きな流れを知ることで、何度も訪れた場所からも再発見できるものがあるだろう。そして、たくさんの人に伏見の真の魅力に触れてもらえることを願ってやまない。

御香宮《ごこうのみや》神社宮司　三木《そうぎ》善則《よしのり》

歴史でめぐる 伏見の旅

みなさんがいま、「伏見《ふしみ》」と聞いて思い浮かべるのは、どんな風景でしょうか。
白壁が並び、馥郁《ふくいく》たる香りが立ち込める**酒蔵の町**ですか？
「外国人に人気の日本の観光スポット」一位※にも選ばれた
お稲荷さんこと、伏見稲荷大社の朱色の鳥居が連なる光景？
それとも「京都の南のほう…だったかな？」という人もおられるかもしれません。

日本はもちろん世界中からたくさんの人が伏見の地を
訪れているにもかかわらず、人々が伏見に抱くイメージはごく一部のもの。
町の本当の魅力を知らずに帰ってしまう人、さらにいえば
知らないままに住んでいる人も少なくないでしょう。
伏見はかつて渡来人たちが移り住み、平安貴族が愛でた風光明媚な里でした。
そののち、離宮が置かれて政治が差配され、天下人が城を築いて、
明治の新しい時代を切り開く先駆けともなりました。
世の中を動かした人々が、なぜ伏見の地に惹《ひ》かれたのか。
それを歴史の中に発見できたなら
伏見の魅力がいまの私たちの目の前に浮かび上がってくるはずです。

※トリップアドバイザー調べ二〇一五年

朱色が鮮やかな伏見稲荷大社（14頁）の千本鳥居

上下写真／
「洛中洛外図屛風」部分
（林原美術館蔵）

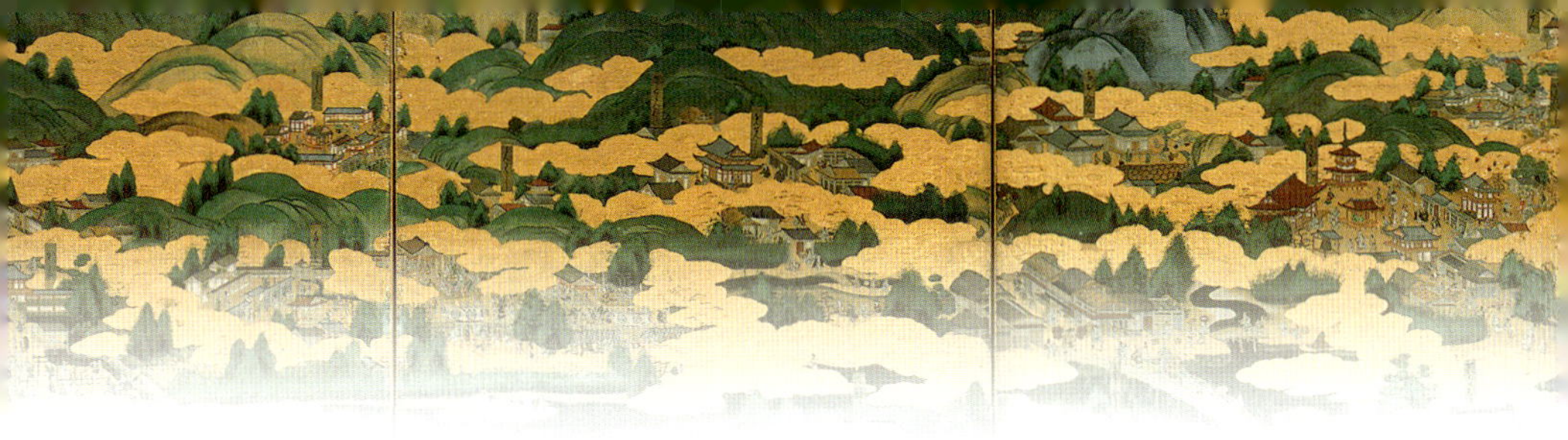

伏見を深く知るためのキーワードは「**水**」。
古くは「伏水」とも書き、その字の通り、いまも伏流水《ふくりゅうすい》(地下水)に恵まれた地です。
あちらこちらから湧き出るミネラル豊富な水と、
それが集まり流れる幾筋もの川は早くから農耕を盛んにし、
のちに**酒造り**を発展させていきます。

そして「水」を利用した人やものの運搬、
つまり、船運は伏見を語るうえで欠くことができません。
太古から伏見一帯に広がっていた巨椋池《おぐらいけ》は、
宇治川や桂川、木津川を結ぶ中継地となり
早くから**渡来文化**が根づきました。
大陸の文化と技術を礎《いしずえ》にして平安京が築かれると、
伏見は**都の水運の玄関**になります。
平安時代後期には、白河上皇が鳥羽《とば》に離宮を構え
「我が意に沿わぬのは賀茂川《かもがわ》の水、双六《すごろく》の賽《さい》、山法師《やまほうし》だけ」
というほどに、政治を掌握《しょうあく》して院政を摂り行いました。
館から館へ、伏見から嵐山・宇治へと船で
移動したという**貴族たち**の優雅な生活。
それは半面、都の喉元ともいえる鳥羽の水運を抑える
政治戦略でもあったのです。

鳥羽離宮跡である城南宮(32頁)において
行われる「曲水の宴」

巨椋池を利用した水運は、天然の水路であるために
水深が浅い場所もあり、重いものを運ぶには適さないこともありました。
それを大きく整備し、港を拓いたのは**豊《とよ》臣《とみ》秀《ひで》吉《よし》**です。

京都・大坂を結ぶ交通の要所を拠点とするべく、伏見に城を築き、
その資材運搬のために池と河川に堤を造る一大工事を行います。
全国から集められた何十万人という人手は、町に技術を伝え、
職人町を形成します。

贅を尽くして建てられた伏見城は、まさに**桃山文化の結晶**。
御殿の襖は当時画壇の中心勢力であった狩野派の画家たちによって描かれ、
千利休によって整えられた茶亭は当代随一のサロンとなりました。
城下には大名たちが邸宅を構え、伏見は天下の表舞台に躍り出ます。

秀吉の没後、関ヶ原の戦いを経て、新しく伏見城主となった**徳《とく》川《がわ》家《いえ》康《やす》**は、
ここで征夷大将軍となります。およそ二十年の徳川家による統治が
行われたのち、伏見城は取り壊され、伏見も城下町としての機能を失いますが、
港湾《こうわん》都市としての機能は維持され、高瀬川掘削《くっさく》による運河の開発は、
港町・宿場町として、伏見を飛躍的に発展させました。
そして、人やものが集まる伏見の港は、情報の集積地でもありました。

桃山丘陵の伏見城跡地に建てられた模擬天守（72頁）

桃山文化を代表する
「高台寺蒔絵」の天目台
（高台寺蔵）

幕末には、勤皇《きんのう》の志士たちが集まり、決起し、やがては
新しい時代の夜明けを牽引《けんいん》するムーブメントが起こっていきます。
「日本を洗濯いたし候《そうろう》」と語った**坂本《さかもと》龍馬《りょうま》**も、
この町に数多くの足跡を残した一人。
龍馬が実現した薩長同盟によって大政奉還《たいせいほうかん》が行われたのち、
町は**鳥羽伏見の戦い**で激戦地となり、
伏見の近代は戦禍《せんか》からの復興に始まりました。

京都に大きな近代化の波が訪れると、水運は最盛期を迎え、
淀川には蒸気船も登場します。
ところが、鉄道の敷設《ふせつ》によって港は衰退し、物流の中心としての地位から失墜《しっつい》。
そんな中、その新たな鉄道網がもたらしたのが、酒造業界の発展でした。
明治時代後期には深草《ふかくさ》に軍部が置かれ、需要が伸びたことで伏見は
酒蔵《さかぐら》の町として、その名を再び全国に知らしめることになります。
失われた港の面影も、現在、**観光船**として蘇っています。

波乱と復活を繰り返してきた伏見の歴史は、まさに日本の歩みの縮図。
本書では、そんな時代の流れをたどりながら、伏見の町をご紹介しています。
点在する史跡や見どころを歴史という糸で繋げてめぐっていけば、
伏見、そして日本という国の新しい魅力が再発見できるかもしれません。

料亭 魚三楼（127頁）の格子戸に残る
鳥羽伏見の戦いの弾痕

目次

CONTENTS

第三章　近世

第四章　幕末～近代

本書ガイドの使い方

☎＝電話番号
時＝拝観・営業時間
休＝拝観・見学の中止日・休業日
料＝拝観料・入場料（大人料金）
HP＝公式ホームページ
交＝最寄駅からのアクセス

※本書に掲載の情報は2015年9月現在のものです。変更となる場合もありますのでご注意ください。
※アクセスは主なもののみ記載しています。徒歩、所要時間等はおおまかな目安です。

伏見 広域マップ

京都市の南東部に位置する伏見区には
桃山《ももやま》・深草《ふかくさ》・稲荷《いなり》・鳥羽《とば》・醍醐《だいご》・淀《よど》などの
エリアがあり、
その人口は市内最大。
また、その数は政令指定都市の
行政区の中でも上位に入り、
発展した市街地や交通網の中で
数多くの史跡や名所が
いまに伝えられています。

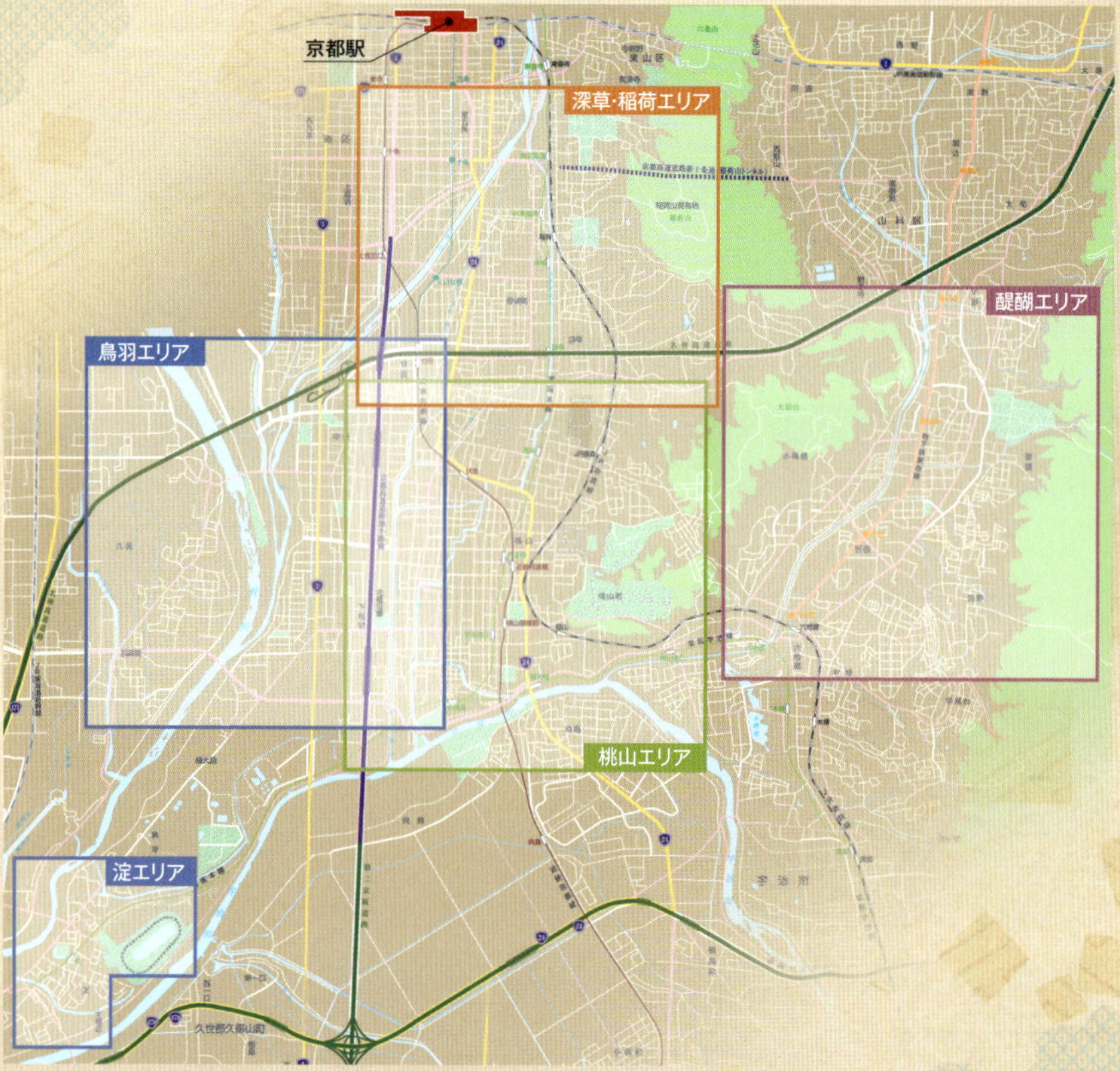

第一章　黎明期

渡来人たちは なぜ伏見の地を選んだか

深草・稲荷

豊かな水と土壌に恵まれた稲荷山《いなりやま》のふもと。
ここで土を耕し、苗を植えた太古の人々。
季節を数え、雨を待つ日々の中で、
いつしか山は神の依《よ》り代《しろ》〝神奈備《かんなび》〟となり、
稲は実りの証、稲は豊かさの象徴として
信仰を集めるようになっていったのです。

伏見稲荷大社の千本鳥居

深草弥生《ふかくさやよい》遺跡《いせき》

いまはなき巨椋池は 太古伏見のランドマーク

深草弥生遺跡から出土した
埴輪の一種と考えられる土器
（京都市埋蔵文化財研究所蔵）

【深草弥生遺跡の石碑】
伏見区深草西浦町5丁目1
（NTT西日本 京都支店 深草別館 正門横）
交／京阪「藤森駅」より徒歩10分

稲荷山《いなりやま》から南へ続く桃山丘陵《ももやまきゅうりょう》の緑の山並み。その南端にはかつて巨椋池《おぐらいけ》があり、現在、高速道路や住宅街が密集する丘陵地の西側のふもと、深草西浦町《ふかくさにしうら》あたりにまで池がまわりこんでいました。山の斜面には、雨が幾筋もの小川になって流れて巨椋池へそそいでおり、その河口の土地は肥沃《ひよく》で、弥生時代中期には農耕民族が移り住んで稲作を始めていました。

その歴史を証明したのが深草弥生遺跡（現在は深草遺跡と呼ぶ）。およそ二千年前の農耕集落跡で、戦後数回に亘って深草の地域で発掘調査が行われました。たくさんの石器や土器のほか、木製の農耕具も出土し、その特色から見て、深草集落の人々は近江（滋賀）から移り住んだと考えられています。近江地方の遺跡が伊勢湾や東海地方のものと似ていることから、深草の人々のルーツもそのあたりと推察できます。

巨椋池は水運の視点から見れば縦横に広がる交通の要所であり、船を使って各地と交流があったのはうなずけるところ。伏見は太古から地理的にも、文化の伝来のうえでも、重要な地だったのです。

古代における巨椋池とその周辺

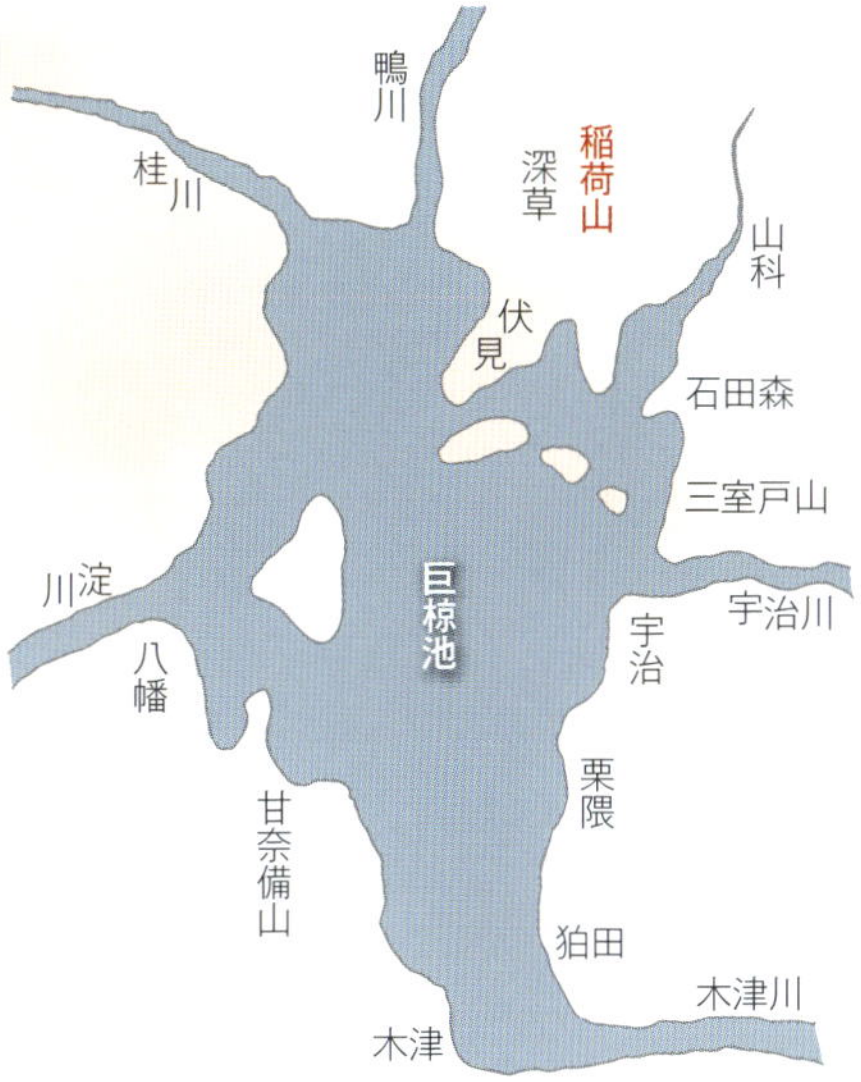

夕景の稲荷山。ここから南（写真右手）に向かって、山並みが桃山丘陵へと続く

伏見稲荷大社《ふしみいなりたいしゃ》

イナリは「稲《イネ》成《ナリ》」。実りを山へ祈って

朱塗りの重厚な本殿。その奥へ進むと奉納された鳥居が建ち並ぶ「千本鳥居」へ

【伏見稲荷大社】
伏見区深草藪之内町68　☎075-641-7331
時･料／境内自由　HP／あり
交／JR奈良線「稲荷駅」よりすぐ、京阪「伏見稲荷駅」より徒歩5分

「お稲荷さん」のお使いといえばキツネ。

伏見稲荷大社の境内では、神狐《しんこ》の像をいくつも見ることができ、口もとに注目すると稲をくわえているキツネがいることに気がつきます。商売繁盛の神様として知られる伏見稲荷大社ですが、その名が示す通り、本来は穀霊神。イナリは「稲成」「稲生」から変化したともいわれています。一説には「イナル」、つまり大きく鳴り響くという意味から雷を指し、稲荷山の山頂に雷神を招いてふもとの深草の地に雨をもたらすことで信仰が生まれたとも考えられます。頂きを日々仰ぎ見る人々にとって、山が神の依《よ》り代《しろ》である〝神奈備《かんなび》〟だったことは想像に難くありません。

また、稲荷山の三ノ峰近くから変形神獣鏡《へんけいしんじゅうきょう》が発掘されていることからも、古来、稲荷山は信仰の対象となっていたことが確認できます。

現在でも全国に三万社ある稲荷神社の総本宮として信仰を集め、奉納された鳥居が朱色のトンネルのように続く「千本鳥居」や、稲荷山山頂の社《やしろ》を巡拝する「お山参詣」は訪れる人が絶えません。

きりりとした表情で稲をくわえる神の使い「神狐」

餅の的と、渡来人・秦氏の信仰

伏見稲荷大社

伏見稲荷大社の神田で10月25日に行われる「抜穂祭（ぬきほさい）」

稲荷山のふもと、深草一帯に最初に移り住んだのは、紀《き》氏・土師《はじ》氏・久我《こが》氏など古代氏族といわれていますが、実際に農耕を発展させたのは、あとからこの地へ来た秦《はた》氏でした。渡来人である彼らは、進んだ知識と技術を大陸から持ち込み、やがては大和王権の政治・経済においても大きな影響力を持つようになりました。それは秦氏の重要拠点であった深草から乙訓《おとくに》周辺にかけて、木幡《こはた》、八幡《やわた》、旗塚《はたづか》、真幡寸《まはたぎ》などの「はた」がついた地域が多く残されていることからもわかります。

秦氏については、稲荷信仰の中にも伝承が残っています。『山城風土記』逸文によれば、和銅四年（七一一）、秦伊呂具《はたのいろぐ》という人が富をおごり、餅を的にして矢を射ったところ、餅は白い鳥になって稲荷山の山頂に飛び去り、鳥の舞い降りた地に稲が実りました。これ以降、秦氏の家運が傾いたため、稲が生えた近くの木を家に植え替えて祀ったところ、再び家は栄えたとか。

これは秦氏が伏見稲荷大社を奉祀するに至った由来を語った伝承で、いまでも二月の「初午《はつうま》大祭」では稲荷山で育った杉が「しるしの杉」として授与され、商売繁盛・家運隆昌を願います。また、ここで日々供える御料米《ごりょうまい》は、伏見稲荷大社の神田で作られていて、田植えや稲刈りにあわせて祭典が行われています。参道名物の焼き鳥も、稲をついばむスズメを焼いて食べてしまおうということから始まったものです。

時代が下るにつれ、さまざまな人々から信仰を集め、とくに天皇家の尊崇を受けることとなり、飛躍的に発展していきます。のちに豊臣秀吉は、母・大政所《おおまんどころ》の病気平癒を祈願して多くの寄進を行っており、現在の楼門もその一つです。

2月の初午大祭で参拝者に授与される「しるしの杉」（写真上部）

本殿横に祀られる、神功皇后ゆかりの旗塚

藤森神社《ふじのもりじんじゃ》

海風にはためいた軍旗と神功皇后の遠征

【藤森神社】
伏見区深草鳥居崎町609　☎075-641-1045
時·料／境内自由（社務所は9:00～16:00）
HP／あり　交／JR奈良線「JR藤森駅」より徒歩5分

藤森神社を語るうえでも、やはり渡来人・秦氏が登場します。神社の創建は古く、平安遷都をはるかに遡ります。深草一帯に勢力を持っていた紀氏が産土神として深草山の山頂に別雷命《わけいかずちのみこと》を祀ったのが始まりで、そののち秦氏の勢力進出によって奈良時代後期に社殿が山麓へ遷されて「真幡寸《まはたぎ》神社」と呼ばれるようになりました。藤森神社の名は室町時代からで、現在、神社では素戔嗚尊《すさのおのみこと》や別雷命、早良《さわら》親王のほか、三韓征伐で知られる神功《じんぐう》皇后など、十二柱の神を祀っていることから、長い歴史の中で幾度も合併を繰り返してきたと推察されます。

また、ここが端午の節句や五月人形の発祥地とされるのは、武神や学問神を祀っていることに由来していて、境内の「旗塚」は神功皇后の新羅《しらぎ》攻略にちなむものです。皇后が海を渡った際の軍艦旗を埋納した塚といわれ、その旗を纛旗《とうき》といい、「ハタタギ」とも呼ぶことから、真幡寸神社の名がついたという説もあります。境内から湧き出る御神水は、二つとないという意味で「不二の水」と呼ばれ、馬にまつわる神事が行われることから多くの競馬ファンも訪れます。

本殿の背後には祖霊社のほか、国の重要文化財である
大将軍社や八幡神社などが並ぶ

武者行列として語り継がれる伝説

藤森神社

神幸祭の壮麗な神輿に続く武者行列

きりりと鎧《よろい》を身にまとった武者や、袴《はかま》に鉢巻き姿の鼓笛隊《こてきたい》の子どもたち。五月に行われる藤森神社の春の大祭は、古くから「藤森祭」「深草祭」と呼ばれてきました。その起源は清和天皇の貞観《じょうがん》五年（八六三）と古く、流行《はや》り病を払う御霊会《ごりょうえ》として始まり、四隊の行列のうち、「神役《しんやく》行列」は早良親王の蒙古《もうこ》討伐を、「払殿《ほって》」と呼ばれる武者隊は、神功皇后が纛旗《とうき》をなびかせて新羅から凱旋《がいせん》する姿を模しています。また、この祭礼の最大の見せ場といえば「駈馬《かけうま》神事」。騎馬で表参道を駆け抜ける様子は迫力満点です。

　この日は三基の神輿《みこし》が出て町内をまわり、戦前までは、神輿のかつぎ手たちが伏見稲荷大社の神官の前で「土地かえしゃ、土地かえしゃ」と叫び、神官が「神様はお留守、お留守」と返す習わしもありました。これはかつて藤森神社の社域だった地に稲荷社が山から降りて借用したままになっている…という故事から来たものとか。以前は神輿が藤森神社から北へ四駅先の泉涌寺《せんにゅうじ》まで巡行していました。巡行路は藤森神社の社域の広さを示し、伏見を代表する古社であることを物語っています。

5月5日に行われる駈馬神事は、1日から5日間にわたって行われる祭のクライマックス

まだまだある！

深草・稲荷エリアの見どころ

墨染寺【さくら寺】［ぼくぜんじ］

『古今集』の歌にちなんだ墨染桜《すみぞめざくら》

美しい墨染桜が咲くことで知られ、地名の由来ともなっています。貞観十六年（八七四）に清和天皇の勅願で創始され、もとは貞観寺の名でしたが、平安時代、太政大臣・藤原基経《ふじわらのもとつね》がこの地に葬られたのを哀悼《あいとう》して、上野岑雄《かんつけのみねお》朝臣《あそん》が「深草の野辺の桜し心有らば　今年ばかりは墨染に咲け」（『古今集』）と詠んだことから墨染に咲くようになったと伝わっています。のちに、この話を聞いた豊臣秀吉が日蓮宗墨染寺として再興しました。

伏見区墨染町741　☎075-642-2675
時／8:00～17:00　料／境内自由
交／京阪「墨染駅」よりすぐ

欣浄寺［ごんじょうじ］

深草の少将と「伏見の大仏さん」

曹洞宗の寺院を巡る釈迦三十二禅刹《ぜんさつ》の一寺。寛喜二年（一二三〇）頃、日本曹洞宗の始祖道元が宋より帰朝後、当寺の前身となる安養院を開いたと伝わっています。「伏見の大仏さん」と親しみを込めて呼ばれる本尊は、高さ約五・三メートル。江戸時代中期の銘があり、ほかに阿弥陀如来像や道元禅師作とされる石像などが寺の由来をいまに伝えています。また、この地は小野小町との悲恋物語で有名な深草少将の屋敷跡ともいわれ、少将遺愛の「墨染の井戸」などもあります。ここから山科の小町のもとへ百夜通ったという伝説も。

伏見区西桝屋町1038　☎075-642-2147
時／10:00～17:00（要予約）
料／志納
交／京阪「墨染駅」より徒歩3分

石峰寺［せきほうじ］

中国風の赤門と五百羅漢《ごひゃくらかん》

ひときわ目を引く赤い山門は、禅宗様式の竜宮造り。宝永年間（一七〇四～一一）に禅道場として創建され、寛政年間（一七八九～一八〇一）には画家・伊藤若冲がこの門前に草庵を結んだことでも知られています。本尊は釈迦如来像。本堂背後にある裏山の竹林に入ると、現れるのは無数の石仏。「五百羅漢」と呼ばれるこの石仏群はおよそ五百三十体あり、高さ数十センチから二メートルまでさまざまです。若冲が下絵を描き、名工に彫らせたもので、境内には若冲の墓や筆塚もあります。

伏見区深草石峰寺山町26　☎075-641-0792
時／9:00～17:00（10月～2月は16:00まで）
料／300円
交／京阪「深草駅」より徒歩5分

大橋家庭園【苔涼庭［たいりょうてい］】

優雅な音色の水琴窟《すいきんくつ》

淀川船運でにぎわった時代から、瀬戸内の鮮魚を一手に扱う元請けを家業としていた大橋仁兵衛《にへえ》が、遠縁で、近代日本を代表する造園家、七代目・小川治平衛《じへえ》（植治《うえじ》）の監修を得て大正二年（一九一三）に完成した別荘の庭。「苔涼庭」の名は各地網元の「大漁」を祈るもので、京都市の登録文化財になっています。地中に埋めた甕《かめ》の中で水のしずくが水音を奏でる「水琴窟」は二ヶ所あり、京都最古とか。趣の異なる十一基の石灯籠の眺めや、岩と苔で川の景色を模した小道は、保津川下りの気分で散策が楽しめます。

伏見区深草開土町45-2
☎075-641-1346
時／10:00～16:30
（個人宅のため訪問前に要電話予約）
休／水・木曜　料／500円
交／JR奈良線「稲荷駅」より徒歩5分、
京阪「伏見稲荷駅」より徒歩7分

瑞光寺【元政庵】［ずいこうじ／げんせいあん］

いまでは珍しい総茅葺《かやぶき》の本堂

明暦元年（一六五五）、彦根武士から僧侶となった元政《げんせい》上人によって創建されました。本堂は現在では珍しい総茅葺屋根。堂内には五臓六腑を持った釈迦如来坐像が安置され、境内に祀られている白龍銭洗弁財天《はくりゅうぜにあらいべんざいてん》は金銭運の神様です。境内の西に元政上人の墓があり、土の塚に立てられた三本の竹は法華経の広布と衆生救済、両親のためという意味が込められたもの。その簡素さには上人の戒律《かいりつ》と親孝行に生涯身を投じた姿がうかがえます。毎年三月十八日の元政忌には遺宝展が開かれます。

伏見区深草坊町4　☎075-641-1704
時／10:00～17:00
料／境内自由　HP／あり
交／京阪「深草駅」より徒歩7分

海宝寺［かいほうじ］

伊達政宗お手植えの木斛《もっこく》

黄檗山《おうばくさん》第十三代・竺庵浄印《じくあんじょういん》禅師の隠居所として、享保年間（一七一六～三六）に開かれた寺。ここは戦国大名・伊達政宗の屋敷跡であり、境内には政宗お手植えとして伝わる大きな木斛の木がいまに残っています。豊臣秀吉愛用の手洗鉢なども所蔵。また、中国の禅僧が食した中国風の精進料理「普茶料理」を一般にも伝わるようになり、枯山水の庭を眺めながら料理を味わうことができます。

伏見区桃山町正宗20　☎075-611-1672
時／7:00～17:00　休／木曜・年末年始　料／境内自由
※普茶料理は4日前までに要予約（1組4名以上、料理は11:30～15:00）
交／京阪「丹波橋駅」・近鉄「近鉄丹波橋駅」より徒歩10分

コラム

伏見の職人

Fushimi

物流が古くから盛んで商工業が早くに発達した伏見は職人の町でもあります。とくに深草・稲荷では、全国に知られた名産品が作られ、伝えられています。

稲荷詣でのお土産として全国的に有名になった工芸品で、土人形の元祖ともいわれています。初午大祭の〝しるしの杉〟(17頁)と同じく、古来、稲荷山の土で神に供える土器(かわらけ)が作られていて、そこから縁起物の郷土人形が生まれました。深草の里に住んでいた土師部(はじべ)という職人集団が作り出したのがきっかけといわれ、元禄期から次第に発展し、以前は約60軒もの窯元が軒を連ねていましたが、現在では寛延年間(1748~51)創業の1軒のみとなっています。

[伏見人形 丹嘉]東山区本町22-504
☎075-561-1627

天正年間(1573~92)に確立された深草うちわ。市内で現在もその歴史を伝える住井家(小丸屋 住井)が、時の帝より「伏見深草の真竹を使い、団扇(うちわ)作りを差配せよ」との命を受けたことが始まりといわれています。江戸時代に入って全国に広まる中で、住井家の歌仲間であった瑞光寺(23頁)の開祖・元政上人が考案した「元政型深草うちわ」は、とくに街道の名物となり、表は花鳥風月の柄、裏は無地で、自分の詠んだ和歌などを入れて楽しんだと伝えられています。

[小丸屋 住井]左京区岡崎円勝寺町91-54
☎075-771-2229

豊臣秀吉が伏見城を築くために播州や河内などから集めた瓦職人たち。彼らが質のよい粘土が採れる深草に窯を開いたことが、深草瓦の始まりです。秀吉の没後も息子・秀頼や徳川家康によって寺院への寄進や改修が行われたことで需要が増え、江戸時代中期になると、火災の防止のために庶民の屋根にも瓦を葺くことが許可されたことでますます発展しました。戦後、安価な量産瓦が増えたことから衰退しましたが、その美しさと緻密な意匠で文化財の修復や改修に用いられています。

[寺本甚兵衛製瓦]伏見区深草瓦町20
☎075-641-0287

第二章

古代〜中世

貴族たちが愛でた水辺と名月

桃山・鳥羽・醍醐

宮廷文化が花開いた平安時代。
その後期頃から伏見の里は
広く人々に知られるようになります。
緑と水の豊かなこの地には、貴族の別荘が建てられ、
やがて離宮で院政が行われるようになると
文化・政治の中心地となっていきました。

4月29日・11月3日に行われる
城南宮の「曲水の宴」

山荘《さんそう》と離宮《りきゅう》

貴族の別荘地から やがて院政の舞台へ

公園の木立の中にひっそりと「鳥羽離宮跡」の石碑が建つ

【鳥羽離宮跡公園】
伏見区中島御所ノ内町
交／地下鉄烏丸線･近鉄「竹田駅」より徒歩20分、
京阪「中書島駅」より市バス「城南宮」下車徒歩5分

「伏見」名の文献上での初見は『日本書紀』。雄略《ゆうりゃく》天皇十七年（四七三）に「山代国内村・俯見《ふしみ》」と記されています。また、「巨椋池《おぐらいけ》」の初見は『万葉集』巻九で、柿本人麻呂が「巨椋《おほくら》の入江響《とよ》むなり射目人《いめひと》の伏見が田居に雁わたるらし」と詠んでいます。

延暦十三年（七九四）に平安京が造営されると、天皇の遊猟地となり、桓武《かんむ》天皇はいまの桃山に、その孫である仁明《にんみょう》天皇は深草に、陵墓を定められたことから、宮廷との結びつきが確固となり、風光明媚なこの地に、貴族たちが競って山荘を建てはじめました。

平安時代後期には、時の摂関家である藤原氏も山荘地としてだけではなく、都を囲む桂川・淀川・宇治川・木津川の四河川の接点である伏見を、政治的・軍事的に重視します。鴨川と桂川の合流点「草津《くさづ》の湊《みなと》」は、都にとっての交通の要衝《ようしょう》。〝鳥羽《とば》の作道《つくりみち》〟と呼ばれる幹線道を北へ向かえば都の入口・羅城門《らじょうもん》、南に行けば淀川を下って瀬戸内海から九州・大宰府《おほみこともちのつかさ》に通じる重要ルートとなります。そして、白河上皇による院政が始まると同時に、現在、城南宮のある一帯に鳥羽離宮が営まれ、伏見はついに歴史の舞台中央へと登場します。

都の交通の要衝である「草津の湊」があったのは、
鴨川と桂川の合流地点で、現在、羽束師橋が架かるあたり

【草津の湊跡】
伏見区横大路草津町
交／京阪「中書島」より市バス「横大路」下車徒歩3分

伏見山荘《ふしみさんそう》

都人あこがれの「伏見長者」の邸宅

「伏見九郷図」（京都府立総合資料館蔵）。永享年間（一四二九〜四一）に描かれたものの写しといわれ、左下に舟戸荘、伏見殿の文字が見える

伏見山荘があったとされる
乃木神社（91頁）あたりの丘陵地

桃《もも》山《やま》丘陵《きゅうりょう》の南、巨椋池に面していた高台は古くから月の名所として知られ、いまも宇治川に架かる橋に「観月《かんげつ》橋《きょう》」の名がつけられています。空、川、池、そして杯の中と、四つの月を一度に見られることから、この高台の一帯は「指《し》月《げつ》の丘」と呼ばれ、平安時代の終わりの頃、橘俊綱《たちばなのとしつな》が豪奢《ごうしゃ》な山荘「伏見山荘」を構えていました。

俊綱は摂政・藤原氏の最盛期を築いた藤原道長《ふじわらのみちなが》を祖父に、宇治・平等院を建立した関白・藤原頼通《よりみち》を父に持ち、「伏見長者」といわれた貴族。日本最古の造園書『作庭記』の作者という説もあり、見事な庭と眺望は人々のあこがれの的となりました。俊綱も「都人暮るれば帰る今よりはふしみの里の名をもたのまじ（都から来て、日暮れにあわてて帰らず、ふしみして〈臥身＝泊まって〉いけ

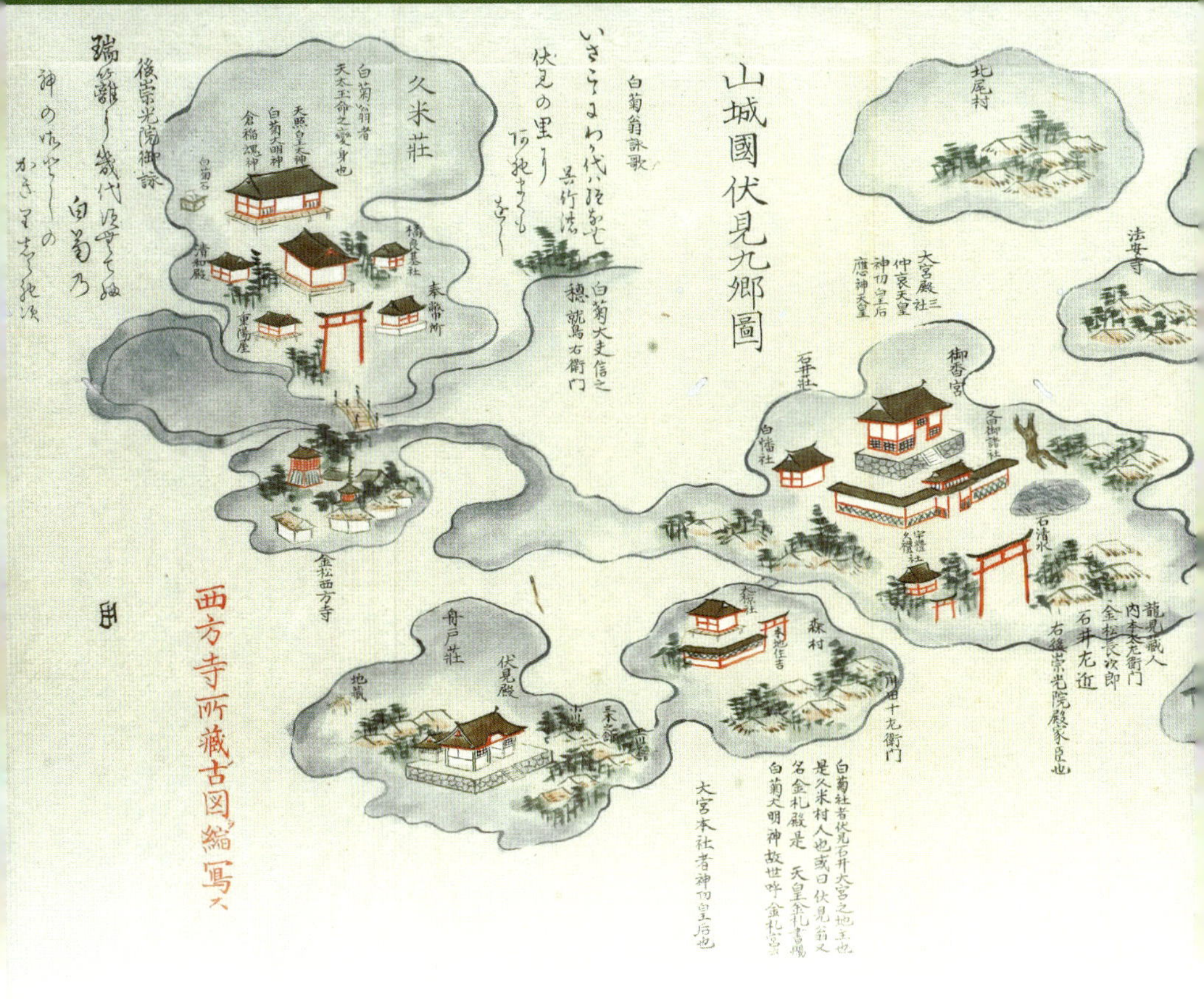

ばいいものを）」と詠んでいます。伏見の名を都に広く知らしめたのは、この俊綱の伏見山荘造営が契機だったといえるでしょう。

俊綱の没後、伏見山荘とその土地は白河上皇に献上され、皇室の荘園になります。のちに後白河上皇がこの一帯に「伏見殿」を造営。上御殿はいまの御香宮神社の東南の台地に、下御殿は現在の「十石舟」乗り場あたりにあり、「舟戸《ふなと》（舟津《ふなづ》）御所」とも呼ばれていました。伏見殿は南北朝時代に北朝三代・崇光《すこう》天皇の子息、栄仁《よしひと》親王に伝領され、親王を始祖とする伏見宮家の御殿が置かれます。その後、伏見宮家から後花園天皇が皇位に立ったことで、近隣に山荘や社寺が集まりました。御殿は幾度かの焼失を経て、応仁の乱で荒廃し、後年、一帯に豊臣秀吉が伏見城を築きます。

鳥羽離宮《とばりきゅう》

離宮での院政は「あたかも都遷《みやこうつり》の如《ごと》し」

橘俊綱《たちばなのとしつな》が伏見山荘を構えるのと前後して、鳥羽《とば》に大規模な離宮の造営が始まります。応徳三年（一〇八六）、白河天皇は皇位を堀河天皇に譲位したあと上皇となり、天皇の「御所」に対して、摂政・藤原氏の手を離れて上皇が院政を行うための「離宮」を造りました。鳥羽が選ばれたのは、都から南へ約三キロほどと近く、鳥羽の港（草津《くさつ》の湊《みなと》）が平安京の物流の要衝であった点が挙げられます。

離宮は現在の伏見区竹田《たけだ》・中島《なかじま》・下鳥羽《しもとば》一帯に広がり、敷地は甲子園球場三十三個分にも及びました。離宮を構成する南殿・北殿・馬場殿・泉殿・田中殿などの御所にはそれぞれ御堂が付随し、院の近臣や貴族などが周辺に移り住んだため、「あたかも都遷の如し」だったといわれます。

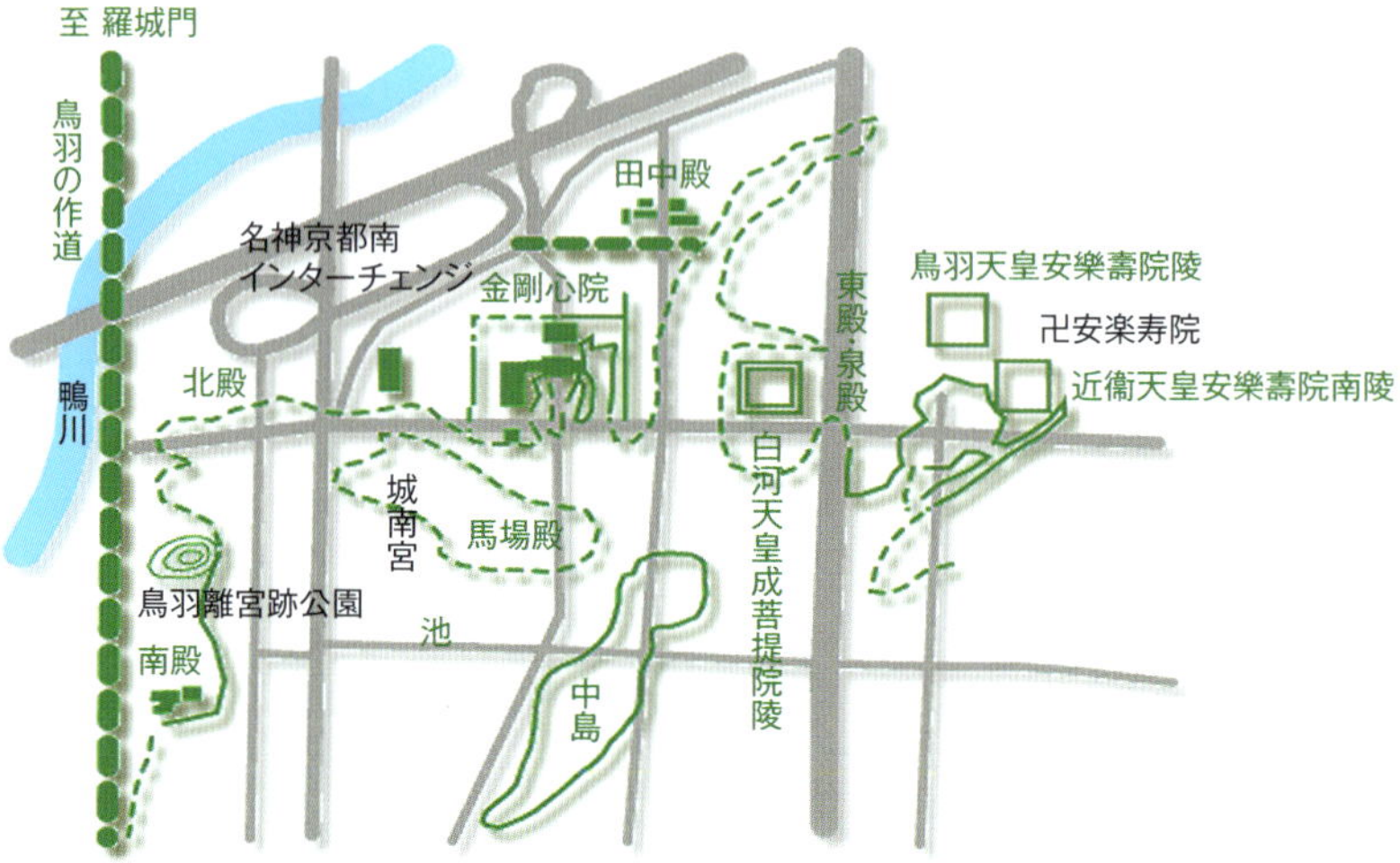

鳥羽離宮の概要と現在の周辺地図

南北朝の内乱後、離宮は荒廃し、いま往時をしのばせるのは、東殿の御堂だった安楽寿院《あんらくじゅいん》や馬場殿を伴った城南宮、白河天皇成菩提院陵《しらかわてんのうじょうぼだいいんのみささぎ》、鳥羽天皇安樂壽院《とばてんのうあんらくじゅいんの》陵《みささぎ》、近衛天皇安樂壽院南陵《このえてんのうあんらくじゅいんのみなみのみささぎ》などが残るのみとなっています。

鳥羽離宮東殿の御堂として造営された安楽寿院。
多宝塔は近衛天皇の御陵となっている

【安楽寿院】
伏見区竹田中内畑町74　☎075-601-4168
時／予約制　料／300円　　HP／あり
交／地下鉄烏丸線·近鉄「竹田駅」より徒歩10分

鳥羽離宮模型（京都市歴史資料館蔵）

城南宮《じょうなんぐう》

奇しくも院政終焉の舞台となった鎮守の杜

方除けの神様として知られる城南宮

【城南宮】
伏見区中島鳥羽離宮町7　☎075-623-0846
時･料／境内自由　※神苑は9:00～16:30（受付16:00まで）・600円　HP／あり
交／地下鉄烏丸線･近鉄「竹田駅」より徒歩15分、
「竹田駅」より市バス「城南宮東口」下車徒歩3分

鳥羽離宮内の中心にあり、鎮守社として信仰を集めた城南宮。創建のいわれは諸説ありますが、平安遷都の際、その名の通り、王城の南に国の守護として祀られたといわれています。祭神は国常立尊《くにのとこたちのみこと》、八千矛神《やちほこのかみ》（大国主命《おおくにぬしのみこと》）、息長帯比売命《おきながたらしひめのみこと》（神功皇后）の三柱。境内には摂社・真幡寸《まはたき》神社が祀られています。

平安時代の初め、星まわりから凶方位を避ける「方《かた》除《よ》け」「方違《かたたが》え」の風習が広まる中で、方除けの神様として信仰されます。当時の貴族たちは熊野詣でや吉野金峯山《きんぷせん》への参詣には、離宮を「鳥羽の精進所」として参籠《さんろう》し、旅の安全を祈りました。いまも建築、転居、旅行、交通安全などの祈祷に訪れる人が絶えません。

また、白河上皇によって奉納されて以来、「流鏑馬《やぶさめ》」が盛んに行われていました。しかし、承久三年（一二二一）に後鳥羽上皇が「城南宮の流鏑馬揃え」と称して兵を集め、北条義時追討の院宣を発します。世に言う「承久の乱」で敗北した上皇は隠岐《おき》へ流され、院政は一旦幕を閉じます。その後、流鏑馬は八百年近く途絶えていましたが、近年になって、節目の年などにあわせて行われるようになっています。

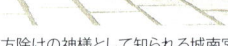

城南宮の本殿

醍醐寺《だいごじ》

三帝の篤い信仰が築いた大伽藍

「伏見の里」と呼ばれた深草・桃山界隈から山を一つ隔てた醍醐《だいご》・日野《ひの》一帯。ここは古くは宇治郡に属し、近江へ抜ける官道があることから早くに開かれた地でした。近年、ユネスコ世界遺産に登録された醍醐寺は平安時代の創建で、貞観十六年（八七四）に聖宝《しょうぼう》理源大師《りげんだいし》が上醍醐《かみだいご》と呼ばれる醍醐山上で、霊泉「醍醐《だいご》水《すい》」に出合い、そこに小さな御堂を建てて、准胝《じゅんてい》・如意輪《にょいりん》の両観音像を安置したことに始まります。

ある時、宇治郡の郡司を務める宮道弥益《みやじのいやます》の孫娘・胤子《たねこ》が宇多天皇の女御《にょご》となります。弥益が男子出生を祈って理源大師に加持祈祷《かじきとう》を頼んだところ、みごと誕生したのが、のちの醍醐天皇。皇位に着いたのちも理源大師に寄せる信頼は篤《あつ》く、延喜七年（九〇七）に醍醐天皇の御願寺となりました。薬師堂や五大堂が落成し、上醍醐の伽藍《がらん》が完成すると、朱雀・村上両天皇が父の意思を継いで、ふもとの下醍醐《しもだいご》に次々と伽藍を整備。現在の金堂である薬師堂や五重塔が建立されました。山内は幾度かの火災に見舞われていますが、五重塔は難を逃れ、平安時代の姿をいまにとどめています。

その後も、都の政治の中枢と結びつきは深く、平安時代の公卿で「堀川左大臣」と呼ばれた源俊房《みなもとのとしふさ》に連なる人物が座主《ざす》として幾代も続いています。院政時代にはさらに大きく発展し、山上・山下には堂塔伽藍が百を越え、時代が下った十六世紀にも天下人・豊臣秀吉が多くの寄進を行っています。

【醍醐寺】
伏見区醍醐東大路町22　☎075-571-0002
時／9:00〜17:00（12月第1日曜の翌日〜2月は16:00まで）
料／三宝院・霊宝館・伽藍（金堂・五重塔）・上醍醐は各600円
※三宝院・霊宝館・伽藍の共通券は1500円
HP／あり　交／地下鉄東西線「醍醐駅」より徒歩15分

【醍醐水】
上醍醐への入山受付
時／夏期9:00〜16:00　冬期9:00〜15:00
料／600円（上醍醐入山料）
交／下醍醐登山口女人堂より徒歩1時間前後

寺名の起こりとなった霊泉「醍醐水」。
下醍醐から約2キロの山道を登ったところにある

国宝·五重塔は、
平安時代の建立で、京都最古

醍醐寺

醍醐の花見 秀吉の美の総決算

現在、醍醐寺では毎年4月の第2日曜に
「太閤花見行列」が行われている

醍醐寺は平安時代から桜の名所として知られていましたが、それを大きく広め、後世にまで語り継がれるほど有名にしたのが、豊臣秀吉による「醍醐の花見」です。戦国時代の群《ぐん》雄《ゆう》割《かっ》拠《きょ》を経て、天下の大勢を手にした秀吉は、天正十四年（一五八六）に聚《じゅ》楽《らく》第《だい》行幸《ぎょうこう》、翌年に北野大茶湯といった大規模な催しを次々に実現させていきます。それから十年あまりを経た慶長三年（一五九八）三月十五日、醍醐寺に正室・北政所《きたのまんどころ》や淀君をはじめとする側室、嫡男の秀頼のほか、大勢の女房衆など、およそ千三百人を従えて行われた花見は、当時としてもほかに例を見ない大規模なものでした。花見に向けて、秀吉は自ら足しげく下見に通って堂《どう》宇《う》の整備や殿舎の造営、庭園の改修を指揮し、伽藍全体に七百本も

秀吉による盛大な醍醐の花見が描かれた「醍醐花見図屏風」部分（国立歴史民俗博物館蔵）

の桜を植えさせています。

上の屏風図は、花見からさほど時を隔てずに描かれたもので、傘をさしかけられた秀吉の姿は、足元が覚《おぼ》束《つか》ない弱々しい年老いた姿をしています。花見から間もない五月頃には病の床に就き、八月十八日に伏見城で六十二年の生涯を閉じたことを考えると、花見は秀吉最後の美意識の総決算だったのかもしれません。

醍醐寺では現在、秀吉の醍醐の花見に倣って、毎年四月の第二日曜日に「豊太閤花見行列」が開催され、終日境内はにぎわいます。

まだまだある！ 鳥羽・醍醐エリアの見どころ

醍醐寺三宝院［だいごじさんぼういん］

書院や庭は桃山文化の傑作

醍醐寺の総門を入ってすぐにあり、永久三年（一一一五）の創建。応仁の乱で焼失しましたが、秀吉の寄進で再興され、庭園は「醍醐の花見」にあわせて作庭された桃山時代を代表するもの。秀吉が自ら設計したといわれ、名石「藤戸石《ふじといし》」はかつて織田信長が足利義昭に献じて二条第に用い、聚楽第にも据えられていました。唐門や表書院は国宝で、表書院の上段・中段の間の襖絵は長谷川等伯《とうはく》一派の作、下段の間の襖絵は石田幽汀《ゆうてい》の作。まさに桃山建築の傑作です。

「醍醐の花見」にあわせて作庭された庭園

伏見区醍醐東大路町22　☎075-571-0002
時／9:00～17:00（12月第1日曜の翌日～2月は16:00まで）
料／三宝院・霊宝館・伽藍（金堂・五重塔）・上醍醐は各600円
※三宝院・霊宝館・伽藍の共通券は1500円
HP／あり　交／地下鉄東西線「醍醐駅」より徒歩15分

長尾天満宮［ながおてんまんぐう］

菅原道真ゆかりの衣裳塚

醍醐寺の北東山麓にある菅原道真を祀った天満宮。創建は平安時代の天暦三年(九四九)で、道真は醍醐寺を開いた聖宝理源《しょうぼうりげん》大師と親しかったともいわれています。伝承によれば、かつて道真がここを訪れた際に自らここを埋葬の地にすることを望んだのだとか。二百段近い石段を登り切ったところに宝篋印《ほうきょういん》塔《とう》があり、「菅公衣裳塚」とも呼ばれています。道真が亡くなったのち、大宰府から形見が持ち帰られ、ここに埋められたという伝説が残っています。

境内へと続く200段の石段

伏見区醍醐伽藍町18
☎075-571-0074
時・料／境内自由
交／地下鉄東西線「醍醐駅」より徒歩20分

法界寺【日野薬師】［ほうかいじ／ひのやくし］

女性の信仰篤い「乳薬師」

日野もまた王朝貴族の山荘地として栄えた地。中でも法界寺は、平安時代中期の公卿・日野資業《すけなり》が邸内に薬師堂を建立したのが起こりといわれ、日野一族の菩提寺として、また親鸞《しんらん》聖人の生家としても知られています。国宝の木造阿弥陀如来坐像が安置されているほか、本尊の薬師如来像の胎内に最澄作と伝える小像が納められており、「乳薬師《ちちやくし》」とも呼ばれて女性たちの子育てや授乳祈願の信仰を集めています。一月に行われる「裸踊り」は京都市登録の民俗無形文化財。

日野の里を代表する古刹

伏見区日野西大道町19
☎075-571-0024
時／9:00～17:00
(10月～3月は16:00まで)
休／不定休
料／500円
交／地下鉄東西線「石田駅」より徒歩20分

まだまだある!

鳥羽・醍醐エリアの見どころ

一言寺［いちごんじ］

一言だけ願いが叶う観音様

醍醐寺の南、奈良街道にほど近い山辺にあり、正式な寺号は金剛王院。真言宗醍醐派の別格本山で、『平家物語』の悲劇のヒロイン・建《けん》礼門院《れいもんいん》に仕えた阿波内侍《あわのないし》によって創建されたと伝えられています。秘仏の千手観音菩薩像は三十三年ごとの御開帳で、願いごとを一言だけ叶えてくれることから「一言観音」と呼ばれるようになりました。本堂軒下に掲げられた絵馬には「ただたのめ、仏にうそはなきものぞ、二言といわぬ、一言寺かな」と、仏の教えを説く御詠歌《ごえいか》が記され、阿波内侍像も伝わっています。

伏見区醍醐一言寺裏町21　☎075-571-0011
時／9:00〜17:00
料／境内自由
交／地下鉄東西線「醍醐駅」より徒歩20分

天穂日命神社［あめのほひのみことじんじゃ］

『万葉集』にも詠まれた石田社《いわたのもり》

地下鉄東西線の駅名にもなっている「石田《いしだ》」は、古くは「いわた」と読み、『万葉集』の歌枕になった地。天穂日命神社は飛鳥時代の創建で、石田杜にいまはわずかな木立が残っています。農耕の神を祀っていて、境内にある「苗塚」には、その昔、一夜にして積み上げた苗が現れたという伝説が残っています。天明三年（一七八三）造営の本殿は、京都市内にほどんど例のない間口二間の二間社流造《にけんしゃながれ》りで市の有形文化財に指定されています。

伏見区石田森西町66
☎075-571-0074（長尾天満宮）
時・料／境内自由
交／地下鉄東西線「石田駅」より徒歩4分

明智藪［あけちやぶ］

天下取りの夢が潰えた地

主君である織田信長を本能寺において討ち、天下を手にした明智光秀。しかし、すぐさま豊臣秀吉率いる大軍に攻められ、天王山で敗れてしまいます。光秀は桃山丘陵をひたすら逃げて近江・坂本城を目指しますが、落ち武者狩りに遭い、小栗栖《おぐりす》の地で命を落としました。光秀の首は家臣によって藪の中に隠され、そこは現在「明智藪」として石碑が建てられています。また、小栗栖街道を北へ向かった山科勧修寺御所内町には「明智塚」があり、光秀の胴体が埋められているといわれています。

伏見区小栗栖小坂町
交／地下鉄東西線「醍醐駅」より徒歩15分
（明智塚：山科区勧修寺御所内町）

六地蔵大善寺［ろくじぞうだいぜんじ］

六地蔵めぐりの発祥地

平安時代の学者・小野篁《たかむら》が大病を患って生死をさまよった際、夢でお告げを受け、夢の通りに桜の大木から六体の地蔵を刻んで安置したことが六地蔵の起こり。当寺は六地蔵めぐりの発祥の地といわれ、毎年八月二十二・二十三日には家内安全・商売繁盛などを祈願する地蔵祭が行われます。境内の地蔵堂（六角堂）には等身の木造地蔵立像が納められ、寝殿造りの本堂や観音堂、書院のほか、徳川二代将軍・秀忠の娘、東福門院寄進の鐘楼などもあります。

伏見区桃山町西町24　☎075-611-4966
時／9:00〜16:00　料／境内自由
交／JR奈良線・地下鉄東西線「六地蔵駅」より徒歩10分

恋塚寺［こいづかでら］

悲劇を生んだ横恋慕の物語

城南宮の南に位置し、茅葺《かやぶき》の小さな山門をくぐると本堂。その昔、鳥羽離宮の護衛を務める武士・遠藤盛遠《もりとう》は、同僚である源渡《みなもとのわたる》の妻・袈裟御前《けさごぜん》に横恋慕します。袈裟は盛遠になびくふりをして夫を殺すようといいますが、盛遠が源渡と思ってはねた首は、なんと恋しい女の顔でした。夫を裏切ることなく、その身代りになった袈裟の姿に罪を恥じ、出家した盛遠こそ、のちに名僧といわれる文覚《もんがく》上人。境内に建つ宝篋印塔《ほうきょういんとう》は袈裟御前の首塚といわれ、いつしか「恋塚」と呼ばれるようになりました。

伏見区下鳥羽城ノ越町132　☎075-622-3724
時／日中自由　料／志納　HP／あり
交／京阪「中書島駅」より、市バス「下鳥羽城ノ越町」下車徒歩2分、または市バス「国道下鳥羽」下車徒歩6分

羽束師神社［はづかしじんじゃ］

『延喜式《えんぎしき》』に記された古社

平安時代中期の『延喜式』に記され、創建は雄略二十一年（四七七）ともいわれる古社で、正式には羽束師坐高御産日《はづかしにますたかむすび》神社。一帯は桂川と鴨川の合流点に近く、土地が肥沃で農耕が盛んなことから、万物を産み、成長を助ける高御産日神を祀ったといわれています。豊臣秀吉によって桂川に堤（46頁）が築かれ、このあたりの水田が湿地になった際、同社の宮司が苦心の末に溜水を淀の石樋《いしどい》から乙訓郡の大山崎まで導き、桂川や淀川に排水するよう改修したという記録がいまに残っています。

伏見区羽束師志水町219−1　☎075-921-5991
時・料／境内自由
交／JR「長岡京駅」より、市バス・阪急バス「樋爪口（ひづめぐち）」下車徒歩2分

コラム

雲《うん》脚《きゃく》茶《ちゃ》会《かい》と町衆文化

Fushimi

中世の伏見の姿を知るうえで、欠くことができないのが、南北朝時代から室町時代にかけて記された『看聞御記《かんもんぎょき》』です。作者の貞成《さだふさ》親王は伏見宮家の始祖・栄仁《よしひと》親王の子息で、後花園天皇の父。日記は全44巻、応永23年（1416）から文安5年（1448）まで33年間に亘る部分が現存し、伏見の御殿で繰り広げられる猿楽や連歌《れんが》、観月の宴、茶会など、宮家の四季折々の遊興の様子が詳細に列記されています。

南北朝が統一されてから応仁の乱までのおよそ半世紀は、伏見の里はことに平和な時代でした。「すでにこの頃、殿上人だけでなく、伏見の町衆のあいだでも芸能文化が盛んになっていたようです」と話してくれたのは、伏見大手筋商店街でも屈指の老舗で、300年以上に亘って宇治茶を取り扱う松田桃香園の松田須英子さん。その例として挙げるのが、貞成親王の日記の応永24年（1417）閏5月14日の条。「晴、台所において雲脚茶会これを始む。侍従局女、地下男共、済々相交る。順事なり。これ毎年の儀なり」と記されています。雲脚とは、雲が流れるごとく泡沫《ほうまつ》がすぐに消えてしまう粗茶のことで、気楽な茶寄合を指します。「天皇に連なる宮家が庶民を招き入れて、身分の上下なく茶を楽しまれたというのはまさに驚きです。殿上と里、都と鄙《ひな》が楽しみの中で相交わっていたというのは、いまの伏見の町の気風に相通じるのではないでしょうか」と松田さんは読み解きます。

こうして育まれた文化の基盤は次第に伏見に根づき、江戸時代に入ると、今度は富を得た町衆が芸術の支援者となっていきます。代々幕府御用茶師を務めた松田さんの家にも絵師や陶芸家などへ後援していたことを伝える書簡などが残っており、伏見が商工業だけでなく、文化・芸術の分野でも早くから発展していた町であったことがわかります。

雲脚茶会を原点とする茶を通しての交流はいまも伏見の町に残る。写真は平成26年（2014年）に伏見桃山城運動公園で行われた野点茶会の様子。お点前をする松田須英子さん

第三章

近世

秀吉が拓き、家康が築いた伏見桃山

桃山・淀

伏見の名を一躍世にとどろかせたのは
やはり太閤・豊臣秀吉、そして城下町・港町として盤石の礎を築き
この地で征夷大将軍となった徳川家康です。
古くは渡来人たちが根を張り、貴族たちが愛で
院政の地となったこの町は
伏見城の築城で名実ともに天下の要となりました。

桜が咲き誇る伏見桃山運動公園。
奥には模擬天守が建つ

港町《みなとまち》・伏見《ふしみ》

天下人が目をつけた“内陸の港湾都市”

豊臣秀吉像（高台寺蔵）

貨物列車やトラックがない時代、人々はどうやって大量の人やものを運んでいたかといえば、「船」が主体でした。川や湖はいまでいう幹線道路にあたり、海辺だけでなく内陸部の川沿いにもたくさんの港がありました。車社会に暮らす現代の私たちにとって、水運の視点を持つことは、この時代の政治や経済、軍事を理解しようとする時に欠かせません。

古くから船運の拠点だった伏見に、天下へ号令する城と港を築こうと考えたのが豊臣秀吉。都の水の玄関口であり、淀川を通じて大坂、外洋へと繋がる伏見は、秀吉にとって抑《おさ》えておきたい要衝《ようしょう》でした。戦乱の火種がまだまだくすぶる時代のこと、巨椋池《おぐらいけ》に突き出すように張り出した丘陵《きゅうりょう》地（現・桃山丘陵一帯）は、山城の堅牢《けんろう》な守りと、水城の機動力が一度に手に入る理想的な地でもあったでしょう。秀吉は、本丸の近くまで水を引き、「御舟入《おふないり》」と呼ばれる河港《かこう》を設けています。のちに秀吉に代わって伏見城の主となった徳川家康も、大坂夏の陣に際して、城代に「伏見は天下の枢《すう》要《よう》の地なり」と説いており、この町がいかに戦略的・政治的に重要かをうかがい知ることができます。

【寺田屋浜の船廻し】

伏見区南浜町界隈
交／京阪「中書島駅」より徒歩5分、
京阪「伏見桃山駅」より徒歩10分、
近鉄「桃山御陵前駅」より徒歩12分

港町の面影を伝える三十石船。
船が方向を換える寺田屋浜の船廻しは見どころの一つ

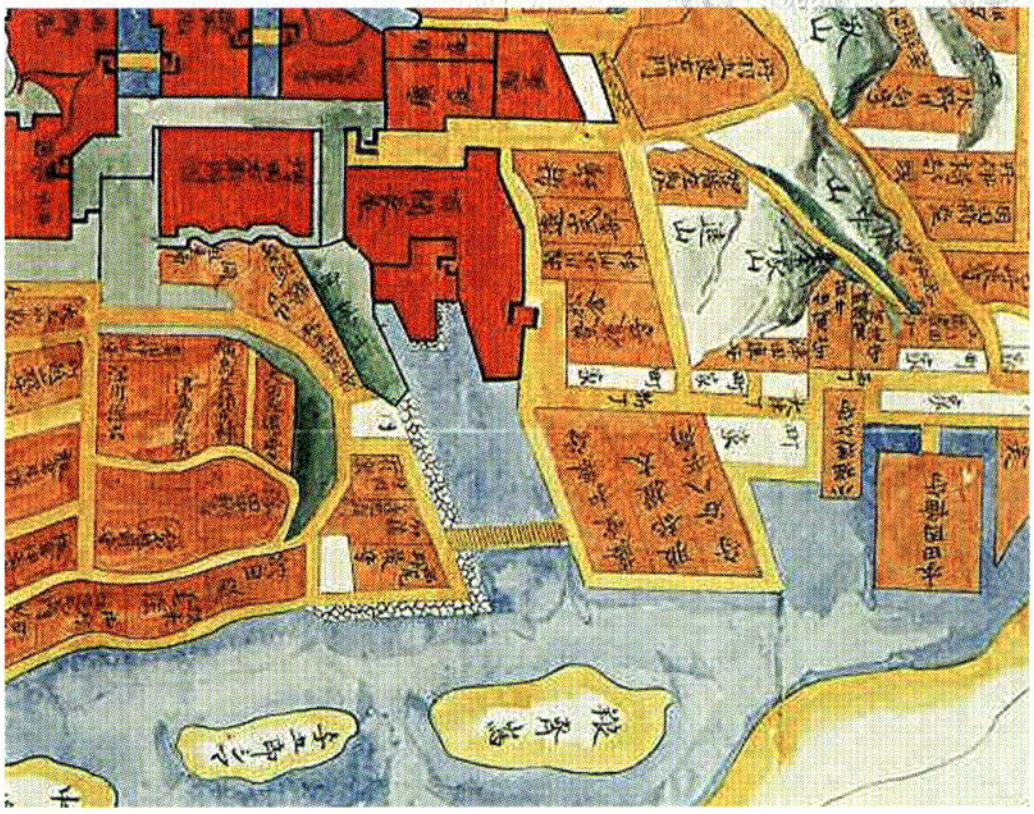

秀吉の時代の城下町を描いた「伏見桃山御殿御城之画図」。
図中央には伏見城の御舟入が見える（御香宮神社蔵）

築城と築堤《ちくじょうとちくてい》

秀吉が手掛けた巨椋池の大改造計画

【宇治川と太閤堤】
伏見区桃山南大島町近辺より撮影
交／京阪宇治線「桃山南口駅」より徒歩20分

秀吉は天下を手中に治めていく中で、たくさんの城を築いていきます。後世、稀代《きだい》の普請《ふしん》好きといわれる秀吉ですが、これには切実な事情もありました。家康を筆頭に諸大名の実力は拮抗《きっこう》しており、盤石《ばんじゃく》な体制を築くためには、皆の経済力を削《そ》ぐ必要があったのです。そこで考えたのが、築城と朝鮮出兵でした。

伏見城の築城にあたっては、朝鮮に出兵していない大名から延べ二十五万人を動員。当時の集散地であった淀の港湾機能を伏見に移し、国内最大の河川港として港町・伏見を誕生させる構想を練ります。

まずは城の建材の運搬と水陸の交通網の整備を兼ねて「槇島堤《まきしまつつみ》」を築き、巨椋池と宇治川を分離して北へ迂回《うかい》させました。その間に向島城《むかいじまじょう》（現存せず）も造成され、あわせて「淀堤」

太閤堤の名残りを残す宇治川河岸。桃山南団地近辺の散策路より望む

を修築。池の西岸に「大池《おおいけ》堤」を、向島から小倉《おぐら》にかけては池を遮断する「太閤《たいこう》堤」を築き、そこに通した大和街道（奈良海道）を豊後橋《ぶんごばし》（現・観月橋《かんげつきょう》）と直結させて奈良への道も短縮させました。

巨椋池は昭和七年（一九三二）からの干拓《かんたく》で姿を消しますが、秀吉が築いた堤は名残りを伝えています。

秀吉が行った大築堤工事と築城

指月伏見城《しげつふしみじょう》

大地震に襲われた幻の城

観月橋の東、指月の森近くにある指月山月橋院

【指月山月橋院】
伏見区桃山町泰長老120　☎075-601-4719
時・料／門内の拝観は要問い合わせ
交／京阪宇治線「観月橋駅」より徒歩8分

解説　伏見城築城の沿革

第1期	**文禄元年（1592）** 秀吉の隠居屋敷を造る
第2期	**文禄3年（1594）** 本格的城郭を造る（指月伏見城）
第3期	**慶長元年（1596）** 震災後、木幡山に築城（木幡伏見城）

秀吉の家臣の中でも人気の高い武将・加藤清正。歌舞伎の「増《ぞう》補《ほ》桃山譚《ももやまものがたり》」、通称「地震加藤」は、大地震に際し、清正がわが身を構わず伏見城へ駆けつけ、秀吉を背負って脱出したという忠義の姿を描いています。題材になったのは、文禄五年（一五九六）の慶長伏見地震。マグニチュードは推定七・五以上で、城は倒壊しますが、秀吉はすぐに城の再建を命じ、翌年五月、現在明治天皇伏見桃山陵のある木幡《こはた》山に本丸が完成しています。

最初の伏見城は文禄元年（一五九二）に秀吉の隠居屋敷として建てられたもので、普請を重ねて地震当時には一大城郭となっていました。一般に地震前の城を指月伏見城、地震後を木幡伏見城と呼び、倒壊した城は豊後橋《ぶんごばし》（現・観月橋《かんげつきょう》）のたもとの指月の森あたり（現・観月橋団地一帯）にあったのではないかといわれています。橋近くにある指月山《しげつさん》月橋院《げっきょういん》は、秀吉が月見の宴を開いた古刹《こさつ》です。ただ、城は最初から木幡山にあったという説もあり、指月城はまさに幻の城。平成二十七年（二〇一五）六月に指月一帯から石垣跡と金瓦が出土し、話題となりましたが、天守の位置の特定には今後の研究が待たれるところです。

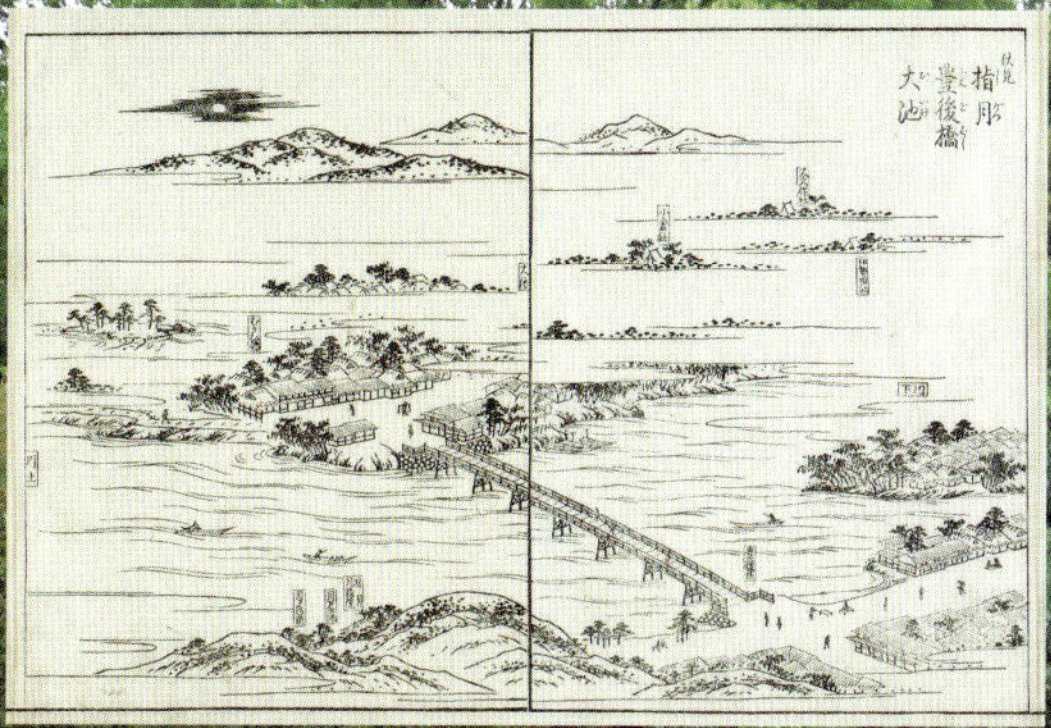

江戸時代に描かれた指月から豊後橋を望む図。中央が向島で、手前のこんもりとした丘のふもとに指月月橋院の文字が見える
(『都名所図会』より/国際日本文化研究センター蔵)

指月山月橋院の裏手に、わずかに緑を残す指月の森

木幡伏見城《こはたふしみじょう》

桃山文化、ここに花咲き極まる

桃山丘陵から出土した安土桃山時代の伏見城の金瓦
（京都市埋蔵文化財研究所蔵）

【木幡伏見城跡地】
伏見区桃山町界隈
明治天皇伏見桃山陵（92頁）
伏見桃山城運動公園（72頁）など

大地震のあと、すぐさま始まった伏見城の再建築では、秀吉は聚楽第の殿舎や吉野・比《ひ》蘇《そ》寺の三重塔など、多くの建築物を解体して伏見城に運ばせました。天守閣は、望《ぼう》楼《ろう》型五層の姿で「洛中洛外図屏風」に描かれ、桃山丘陵一帯からは金瓦が数多く出土しています。本丸の南東に位置する山里丸は秀吉がとくに力を入れたところで、茶亭学問所を設けて盛んに茶会を催しました。御《お》舟《ふな》入《いり》から屋形のついた「御《ご》座《ざ》舟《ぶね》」に乗って舟遊びや観月の宴を楽しみ、桂や宇治、大坂城へと出向いています。城には黄金や極彩色が施され、狩野派の障壁画が描かれる一方、茶亭などでは侘びの世界が表現され、まさに桃山文化の集大成ともいえるものでした。現在その威容は失われていますが、各地に移築された遺構からその姿をうかがい知ることができます。

また、城下には家臣や大名の上屋敷が建てられ、いまの桃山界隈の町の原型は秀吉の築城の際にできあがったものです。町は京や大坂、奈良、大津への街道に通じ、近畿の経済圏の要《かなめ》がこの伏見になるよう計画されており、武士や商人、職人でにぎわう伏見の様子は遠くヨーロッパにも聞こえていたといいます。

「洛中洛外図屏風」の中に描かれた伏見城（林原美術館蔵）

淀城《よどじょう》

淀古城とその後の城下町のにぎわい

江戸時代に描かれた『淀川両岸一覧』に載る、
行き交う船の向こうに見える淀名物の水車（淀川資料館蔵）

【淀城跡《よどじょうせき》】
伏見区淀本町
時･料／見学自由
交／京阪「淀駅」よりすぐ

秀吉の側室・淀殿の居城として広く知られる淀城。桂川・宇治川・木津川が淀川となって合流する淀の地は、源平の争乱期にはすでに戦略上の要として重視され、室町時代には城が築かれていました。天下を手にした秀吉が愛妾・茶々（のちの淀殿）の産所にと淀城を修築し、その後、伏見城の築城のために天守閣と櫓《やぐら》を解体移築。淀の港湾機能も伏見に移されました。現在美しい石垣が残る淀城跡は、淀殿が住んだ城ではなく、徳川期のもので、その北の納所《のうそ》に淀古城はあり、妙教寺《みょうきょうじ》（91頁）は城の一部といわれています。

秀吉の死後、伏見城が廃城されたのち、徳川二代将軍・秀忠は淀に新城の建設を急がせます。伏見城に代わる京都の警備と上洛の際の宿舎とするためで、淀城の代々の城主も本丸を将軍家のものとみなして常時は使用していませんでした。四方を天然の川に囲まれ、さらに二重三重の堀を巡らせた新淀城は、水上に浮かぶ戦艦のごとき水城で、攻め難い城にするためにオランダ人からヨーロッパの築城技術が取り入れられました。城内に水を取り入れる水車は直径八メートルもあり、淀の名物として絵図にも描かれています。

石垣が残る淀城。その北に淀殿の住んだ淀古城があった

御香宮神社《ごこうのみやじんじゃ》

伏見城の守護神となった伏見の神奈備

【御香宮神社】
伏見区御香宮門前町174
☎075-611-0559　時・料／境内自由
※石庭は9:00～16:00・200円・不定休
HP／あり
交／近鉄「桃山御陵前駅」・
京阪「伏見桃山駅」より徒歩4分

伏見城の遺構は多く残されていませんが、伏見の町で面影を伝えるものといえば、「ごこんさん」の呼び名で親しまれる御香宮神社の神門です。秀吉ともゆかりが深く、築城に際しては鬼門除けの守護神として勧《かん》進《じん》し、深草《ふかくさ》大《おお》亀谷《かめだに》にこの宮を移して社領三百石を献じています。秀吉の没後は、家康によって元の地に移され、本殿が寄進されました。

創建は明らかではありませんが、初めは「御諸《みもろ》神社」と称していました。神社から東に広がる桃山丘陵の木幡山は、その昔、雷神を呼び、巨椋池や伏流水《ふくりゅうすい》を産む神奈備《かんなび》（神が宿る場所）と考えられ、名を「御室《おむろ》山」と呼んだことから、そこに祀られた神社が御香宮神社の前身ではないかという研究者もいます。

社伝によれば、平安時代の貞観四

御香宮神社の神門は伏見城西大手門の遺構の一つ

年（八六二）に境内からたいそう香りのよい水が湧き出し、病人がこれを飲んだところ快癒《かいゆ》したことにちなんで、清和天皇より「御香宮」の名を賜ったとあります。湧き水は「御香水」として環境省の名水百選の一つにも選ばれ、水筒を手に参拝に訪れる人々の姿がいまも多く見られます。

奥に見えるのが家康寄進の本殿

伏見城の遺構と秀吉ゆかりの名刀

御香宮神社

御香宮神社の神門は、元和八年（一六二二）、水戸黄門の名で有名な徳川光圀《みつくに》の父・頼房《よりふさ》が伏見城の西大手門を拝領して寄進したもの。三間一戸・切妻造りのどっしりとした豪壮な構えは、ありし日の伏見城の壮大な姿を想像させ、とくに正面の蟇股《かえるまた》は中国二十四孝を彫ったもので、桃山時代の建築装飾を代表する一つに数えられます。

　また、宝物の一つ、秀吉が献上した金《きん》熨斗《のし》付《づき》糸巻《いとまき》太刀《たち》は、備前長光作の慶長太刀の代表作です。家康が慶長十年（一六〇五）に寄進した本殿も全体の造りから細部の華麗な装飾まで桃山期の特色をよく表した大型

社殿で、平成二年（一九九〇）から着手された修理によって約三百九十年ぶりに極彩色の姿が復元されました。神門、太刀、本殿はいずれも国の重要文化財に指定されているほか、江戸時代初期建築の拝殿や伏見奉行所跡から移築された小堀遠州ゆかりの石庭なども見どころです。

また、境内にある樹齢四百年の椿は、秀吉が茶花として集め、小堀遠州が「これほど見事な椿はおそらくないだろう」と讃えたことで「おそらく椿」と呼ばれる名木。毎年三月末に見頃を迎えます。

秀吉が愛で、遠州が讃えた「おそらく椿」

江戸時代初期に建てられた拝殿も極彩色に復元された

伏見城《ふしみじょう》遺構《いこう》

各地に伝え、残された桃山の栄光

※ここで紹介した以外にも、各地に遺構は存在しています。

西教寺 客殿

国の重要文化財に指定されている客殿は、伏見城にあった旧殿を慶長3年（1598）に大谷刑部吉継（吉隆）の母や山中長俊の内室らが寄進したもの。客殿の襖にはそれぞれ狩野派の絵が描かれている。

【西教寺（さいきょうじ）**】**
滋賀県大津市坂本5丁目13-1　☎077-578-0013
時／9:00~16:30　料／500円　HP／あり
交／JR湖西線「比叡山坂本駅」・京阪石山坂本線「坂本駅」より江若バス「西教寺」下車すぐ、京阪石山坂本線「坂本駅」より徒歩25分

豊国神社 唐門

境内にそびえる大唐門は伏見城の遺構と伝えられる国宝。秀吉を祭神とし、「ほうこくさん」とも呼ばれる。出世開運の神様として崇敬を集めていて、北政所を祀る貞照神社や秀吉の遺品や社宝を収蔵する宝物館もある。

【豊国神社（とよくにじんじゃ／ほうこくじんじゃ）**】**
京都市東山区大和大路通正面茶屋町530　☎075-561-3802
時／9:00~16:30　料／境内自由　※宝物館は300円
交／京阪「七条駅」より徒歩10分

高台寺 傘亭

秀吉の菩提を弔うため正室・北政所が建立した高台寺。千利休の好みとされる茶屋「傘亭（かさてい）」と「時雨亭（しぐれてい）」は、伏見城の山里丸から移築したものと伝承され、国の重要文化財。また、桃山文化を代表する「高台寺蒔絵」の調度品も有名。

【高台寺（こうだいじ）**】**
京都市東山区下河原町526　☎075-561-9966
時／9:00~17:00（17:30閉門）
料／大人600円（掌美術館含む）　HP／あり
交／JR「京都駅」・阪急「河原町駅」・京阪「祇園四条駅」より、市バス「東山安井」下車徒歩5分

福山城 伏見櫓と筋鉄御門

伏見城の遺構の中でも数少ない城郭建築。「伏見櫓」は松ノ丸の東側にあったものを元和8年(1622)に移したもので、「筋鉄(すじがね)御門」とともに国の重要文化財に指定されている。

【福山城博物館(ふくやまじょうはくぶつかん)】

広島県福山市丸之内1丁目8 ☎084-922-2117
時／9月1日～3月31日は
9:00～17:00(入館は16:30まで)
4月1日～8月31日は
9:00～18:30(入館は18:00まで)
休／月曜(祝日の場合は翌日)・年末
料／200円(特別展別途)※高校生以下無料
HP／あり　交／JR「福山駅」より徒歩5分

城下町・伏見に見る秀吉の足跡

伏見城遺構

榮春寺

伏見城総構え（土塁）が唯一現存する場所であるとともに、総門と観音堂が伏見城の遺構とされる。

【榮春寺（えいしゅんじ）】
伏見区桃山町丹下30　☎075-641-2070
時／9:00〜17:00　料／境内自由　※本堂見学は要予約　HP／あり
交／京阪「墨染駅」より徒歩7分、近鉄「近鉄丹波橋駅」より徒歩10分

宝福寺

金毘羅堂は伏見城内の学問所前に建立されていたもので、元和6年（1620）に秀吉と淀殿ゆかりの子授け陰陽石とともに移転。「木挽町の金毘羅さん」と呼ばれる。

【宝福寺（ほうふくじ）】
伏見区帯屋町915　☎075-611-6037
時･料／境内自由
交／京阪「伏見桃山駅」･近鉄「桃山御陵前駅」より徒歩10分

源空寺

二層になった珍しいかたちの山門は伏見城から移されたものといわれ、その両脇には即一六躰地蔵や、秀吉に天下統一の大福を授けた朝日大黒天が祀られている。

【源空寺（げんくうじ）】
伏見区瀬戸物町745　☎075-601-2937
時／8:00〜16:00　料／境内自由
交／京阪「伏見桃山駅」より徒歩5分、
　近鉄「桃山御陵前駅」より徒歩8分

コラム

千《せん》姫《ひめ》神《み》輿《こし》

Fushimi

毎年10月上旬に行われる御香宮神社の神幸祭《しんこうさい》は、この神社が伏見九郷の総鎮守であることから「伏見祭」とも呼ばれています。祭の中心である神輿渡御《みこしとぎょ》では現在3基が町を巡行していますが、昭和35年（1960）までは1基だけでした。

ところが、この1基がケタ外れに重く、重量はなんと約2.3トン。この神輿は徳川2代将軍・秀忠の長女、千姫が伏見城で誕生して1年後（1598年）に寄進されたもの。「千姫神輿」の名で長年人々に親しまれてきました。千姫といえば、のちにわずか7歳で豊臣秀頼に嫁ぎ、豊臣家滅亡の折には焼け落ちる大坂城から助け出され、数奇な運命をたどります。それを知ってか知らずか、神輿には重すぎる親の愛が込められたのでしょうか…。日本一重い神輿として氏子たちの自慢の一つでしたが、あまりにも重すぎるために代わりの神輿が用意されるようになりました。

また、この祭のもう一つの名物といえば花傘行列《はながさぎょうれつ》。昔は村ごとに、いまは町内ごとにそれぞれ工夫を凝らした花傘や作り物を準備し、宵宮にはそのコンクールが大手筋で行われます。華々しい行列には、町内のけがれをこの花傘に集めて厄除けするという意味があり、つまりは神輿の露払いにあたるというわけです。宵宮を含めた祭の期間中、千姫神輿は御香宮神社で特別公開されています。

10月上旬の祭の期間だけ公開される千姫神輿

伏見城《ふしみじょう》落城《らくじょう》

家康、天下取りへの前哨戦

徳川家康像（堺市博物館蔵）

秀吉の没後、徳川家康と石田三成はついに関ヶ原で決戦を迎えます。その前哨戦《ぜんしょうせん》となったのが伏見城の戦いです。慶長五年（一六〇〇）、家康は会津攻めを開始。三成に背後を見せて挙兵《きょへい》させ、返り討ちにする作戦ですが、そうなると敵中に残る伏見城が攻められるのは明らか。城将を命じられた鳥居元忠《とりいもとただ》は、家康に今生の別れを告げ、決意の討ち死したのでした。

この伏見城落城のくだりは後世、絵巻などにも描かれ広まりますが、近年、家康は伏見城を見捨てるつもりはなかったのではないか、といわれ始めています。秀吉肝入りのこの城は、家康にも利用価値が高いうえに、石田勢の多くが実は家康と通じていたともいわれ、元忠が家康の意図を汲み、和議を受け入れていれば、城は炎に包まれることもなかったかもしれません。

合戦後、家康はいち早く城を修築し、慶長八年（一六〇三）、伏見城で征夷大将軍となっています。その後、三代将軍・家光までの約二十年間、伏見は徳川氏の城下町として発展。秀吉の在城が六年に満たなかったことを考えると、伏見が名実ともに日本の首都機能を持っていたのは徳川時代だったかもしれません。

「関ヶ原合戦図絵巻」に描かれる、伏見城落城と鳥居元忠の最期（岐阜市歴史博物館蔵）

秀吉の死後、徳川家康や石田三成を含む五大老・五奉行・三中老は合議制を敷き、伏見城で政事（まつりごと）を執り行っている様子。しかし、関ヶ原の戦いを前に情勢は一変する（「関ヶ原合戦図絵巻」より／岐阜市歴史博物館蔵）

高瀬川開削《たかせがわかいさく》

伏見城廃城から港町・商人の町へ

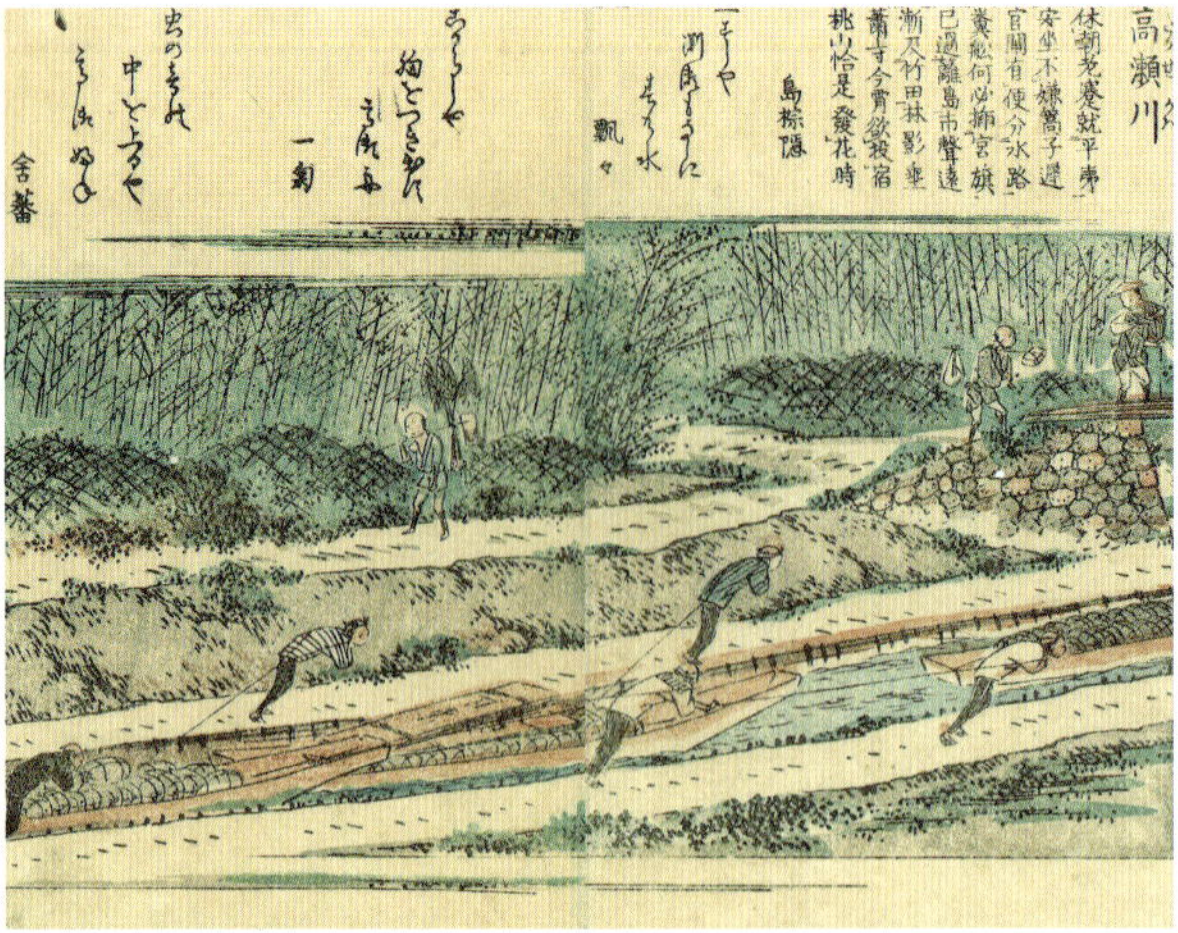

人夫に曳かれて高瀬川を遡る舟（『淀川両岸一覧』より／淀川資料館蔵）

大坂冬の陣、夏の陣が終わり、豊臣家が滅んだあとの元和九年（一六二三）、徳川家光が将軍宣下を伏見城で受けます。徳川三百年の礎となる幕藩体制のいくつかが伏見で取り決められ、二代将軍・秀忠の時代には「武家諸法度」の草案について、二条城の家康と伏見城の秀忠の間で幾度も使者が往復しました。

家康が伏見城を去り、駿府城《すんぷじょう》を居城と決めると、伏見から駿府へ城の器物がいくつも移されました。かなり些細なものまで持ち出す様子を見て、伏見の人々はあきれ笑いました。しかし、元和五年（一六一九）に徳川氏が伏見城廃城を決めると、そうもいってられません。また、近畿における幕府の拠点が改修した大坂城になると、伏見の城も解体され、全国に築城資材として下げ渡されてしまいます。

城下町としての機能を失った伏見。しかし、水路や街道が集まり、商人・職人も多い伏見は、港町・宿場町として再生していきます。その大きな契機となったのは高瀬川の開削《かいさく》で、貿易を認可された御朱印船商人の角倉《すみのくら》了以《りょうい》が私費を投じて洛中と伏見を運河で繋ぐことで、京都の物流は伏見経由が主流となっていきました。

高瀬川は伏見城下において濠川(ほりかわ)・宇治川派流と結ばれ、
物流の拠点として南浜界隈を発展させた

【大手筋南の濠川】
伏見区三栖半町出合橋より撮影
交/京阪「中書島駅」より徒歩10分

濠川と宇治川派流が合流する出合橋付近に建てられた角倉了以の顕彰碑

解説|城下町の水路網

<濠川>
伏見城の外堀として造られ、のちに高瀬川などと結んで水路網の一部となった
<宇治川派流>
秀吉の伏見城築城に伴う資材運搬のため、宇治川流路工事により造られた内陸の河川港。伏見城の外堀でもある

【角倉了以の顕彰碑】
伏見区三栖半町出合橋付近
交/京阪「中書島駅」より徒歩10分

淀川《よどがわ》三十石船《さんじゅっこくぶね》

淀川に響く 船歌と港のにぎわい

江戸時代、淀川（伏見―大坂間）を往来する幕府公認の船は「過書船《かしょぶね》」と呼ばれ、旅客専門に運ぶ三十石船もその一つ。淀川三十石船は葦簾《よしずだれ》が屋根のように船を覆い、定員二十八人に船頭二人がつきました。朝夕二度「船が出るぞー」の掛け声とともに出港し、その情景は落語「三十石」や浪曲「森の石松代参詣り」などにも登場します。船頭が歌う三十石船歌の内容は、川沿いの観光案内にもなっていました。また、淀や枚方《ひらかた》あたりでは食べ物を乗せた煮売りの船「くらわんか船」が横づけし、おなかを満たすのも船旅の楽しみでした。

一方、鳥羽（草津《くさつ》）の港は、高瀬川運河の開通で一旦衰えますが、都への陸路の近さを活かして魚市場が栄えます。瀬戸内海からの船が到着すると、「走り」と呼ばれる運搬人たちが鮮魚を洛中へ届けました。

伏見港は濠川《ほりかわ》に架かる京橋から阿波橋《あわばし》あたりを中心に人の出入りがもっとも多く、西国の諸大名の豪華な御座船《ござぶね》もここに停泊しました。濠川や宇治川派流の川沿いにはたくさんの旅籠《はたご》や四軒もの本陣が密集し、その中心である南浜は高瀬船と三十石船の中継地としてにぎわうようになっていきます。港につながる陸路の発達も目覚ましく、南浜には一万坪の土地に馬小屋が造られたほどでした。そうした発展を背景に、伏見の町ではのちに百貨店の大丸を開く下村家などの豪商が力をつけていきます。

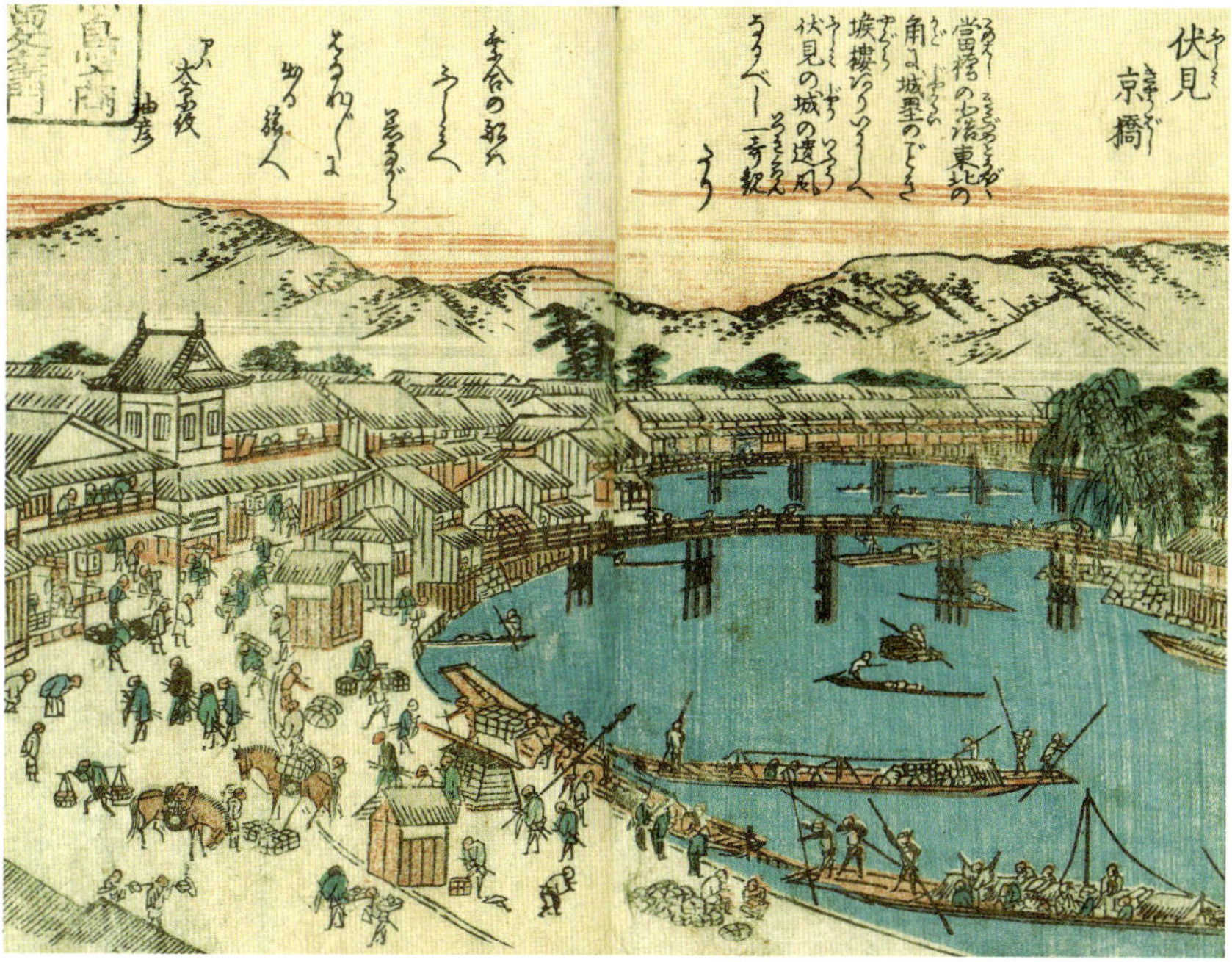

人と荷でにぎわう京橋（『淀川両岸一覧』より／淀川資料館蔵）

『都名所図会』にも描かれた、淀川航路の名物「くらわんか船」
（国際日本文化研究センター蔵）

酒蔵の町《さかぐらのまち》

港あるところ人集い、うまい酒あり

古代から稲作が盛んで良質の水に恵まれた伏見は、酒造りに最適の地。いまも町のあちこちで豊富な水が湧き、時代や地域ごとに「伏見七名水」が選ばれ、名を知られる井戸がたくさんあります。

平安時代以前から深草一帯に大きな勢力を持っていた秦氏は、酒造りの技術を伝えた渡来人・須須許理《すすこり》の末裔であり、彼らが伏見稲荷大社に供えるために造った酒が伏見の酒のルーツという説もあります。同社に伝わる古祭「大山祭《おおやまさい》」では、酒を供えた土器を醸造に用いると上質の酒ができるとされ、いまも酒造りに携わる人々の信仰を集めています。

室町時代には京都に三百軒を超える酒屋があったといわれています。秀吉が伏見城を築くと、酒の需要も高まり、伏見に酒造家も増えていきました。高瀬川の開削《かいさく》で物流が盛んになると、伏見の酒が都の酒造りを凌駕《りょうが》してしまい、一時的に移入禁止の措置がとられたこともあったようです。幕府が酒株制度を定めたのは、明暦三年（一六五七）。伏見では酒蔵八十三軒、製造石高一万五千石でしたが、度重なる制限のため、天保四年（一八三三）には二十七軒まで減ってしまいます。風前の灯だった伏見の酒造りが今日のように盛り返すのは、明治時代のこと。うまい酒の伝統は、文明開化の波に乗って大きく盛り返したのでした。

【酒蔵と宇治川派流】
伏見区南浜町
交／京阪「中書島駅」より
徒歩10分

|解説|**伏見の名水**

- ■**御香水**〔ごこうすい〕（御香宮神社内·54頁）
- ■**白菊水**〔しらぎくすい〕（鳥せい本店横·94頁）
- ■**伏水**〔ふしみず〕（キザクラカッパカントリー内·72頁）
- ■**さかみづ**（月桂冠大倉記念館内·70頁）　など

観光船「十石舟」のコースにもなっている
月桂冠大倉記念館の酒蔵と宇治川派流

酒造《さけづく》り

蔵に響いた唄声と受け継がれる技

酒造りの道具や歴史を紹介する月桂冠大倉記念館

伏見には古来、名水にまつわる伝承が多く、江戸時代の〝観光ガイドブック〟ともいえる「名所図会」にも紹介されています。町の酒造りを育んできたのも名水と讃えられる良質の地下水。中硬水《ちゅうこうすい》と称されるミネラル水は、カルシウム、マグネシウムなどを適度に含んで伏見酒の仕込みに適し、口当たりのよいまろやかな味に仕上がります。

古来、酒造りは米を収穫した秋に始まり、伏見には越前《えちぜん》、但馬《たじま》、丹波《たんば》など各地から職人がやってきました。職人たちには受け継がれてきた唄があり、そこに込められた望郷の思いはどこか物悲しい響きを持っています。唄は米を洗う時に歌う「洗米場《かしば》唄」や、米をすりつぶす作業の際の「もとすり唄」など、工程にあわせていくつもあり、リズムや歌う回数によって、時間を計ることができるようにもなっていました。

機械化が進み、酒造り唄や古い道具類が姿を消す中で、酒造りの歴史や文化を伝える取り組みも行われています。その先駆けの一つとなったのが、月桂冠大倉記念館。建物は明治四十二年（一九〇九）築の酒蔵を改装したもので、伏見観光の拠点になっています。

【月桂冠大倉記念館】

伏見区南浜町247　☎075-623-2056
時／9:30～16:30　休／盆·年末年始
料／大人300円·中高生100円　HP／あり
交／京阪「伏見桃山駅」「中書島駅」·近鉄「桃山御陵前駅」より徒歩10分

発酵を促す「もろみの櫂入れ」
（写真提供／月桂冠株式会社）

上：蒸し上がった酒米の放冷作業
右：「酒母仕込み」の様子。文字通り、酒のもととなる

まだまだある！ 桃山・淀エリアの見どころ

伏見桃山城運動公園［ふしみももやまじょううんどうこうえん］

シンボルとして残された模擬《もぎ》天守《てんしゅ》

伏見城のあった桃山丘陵には、南側の本丸跡一帯に明治天皇伏見桃山陵があり、北側の伏見城花畑跡には昭和三十九年(一九六四)に遊園地「伏見桃山キャッスルランド」が開園。遊園地のシンボルとして建てられた模擬天守は「洛中洛外図屏風」の伏見城を参考に造られた鉄筋コンクリート建築です。平成十五年(二〇〇三)の閉園後は取り壊しの予定でしたが、市民の運動によって保存されることになりました。現在は市が運動公園として運動場、野球場などを整備し、隣接地に伏見北堀公園もあります。

伏見区桃山町大蔵
時・料／自由
(天守閣は入場不可)
※野球場等の施設利用は申請が必要
交／JR奈良線「桃山駅」より徒歩20分

黄桜記念館【キザクラカッパカントリー】［きざくらきねんかん］

酒造りの歴史と「河童《かっぱ》資料館」

全国的に知られる伏見の酒ブランドである「黄桜」が、自社の歴史をはじめ、模型で見る昔の酒造りの工程や道具類を展示。その隣には昭和三十年代から同社のコマーシャルでおなじみとなった河童のキャラクターにちなみ、「河童資料館」もあり、河童の起源から歴史、各地の伝承などをわかりやすく紹介しているほか、コマーシャルライブラリーも見学できます。また、酒蔵を改装した「黄桜酒場」では伏見の水を使ったできたての地ビールが味わえます。

伏見区塩屋町228
☎075-611-9919
時／10:00～17:00
休／月曜(祝日の場合は開館)
料／入場無料　HP／あり
交／京阪「伏見桃山駅」「中書島駅」・近鉄「桃山御陵前駅」より徒歩10分

金札宮［きんさつぐう］

謡曲「金札」にも描かれた縁起

天平勝宝二年(七五〇)創建の古社で、縁起は観阿弥《かんあみ》作の謡曲『金札』にもなっています。社伝によると、平安遷都の折、伏見に王城鎮護の宮居を建設中、突如、天から「永く伏見に住んで国土を守らん」と書かれた金の札が降り、虚空から「我こそは天照大御神《あまてらすおおみかみ》より遣わされた天太玉命《あめのふとだまのみこと》なり。我を拝まんとすれば瑞《みず》垣《がき》を作るべし」と声が響いたといわれています。また、ここには名水・白菊井《しらぎくい》の伝説も残されており、境内にある樹齢千年以上のクロガネモチの巨木はパワースポットとしても知られる御神木です。

伏見区鷹匠町8　☎075-611-9035
時・料／境内自由　HP／あり
交／京阪「丹波橋駅」・近鉄「近鉄丹波橋駅」より徒歩5分

西運寺［さいうんじ］

「たぬき寺」の名で親しまれる

慶長元年(一五九六)、岸誉雲海《がんよううんかい》上人によって向島に創建され、伏見城廃城後に現在の地に移りました。延命地蔵尊は、短命の相があった雲海上人を心配した両親が延命長寿を祈願した地蔵といわれています。江戸時代末期、この寺の冠道《かんどう》和尚になついた狸が話題となり文人墨客が集ったことで「たぬき寺」と呼ばれるようになりました。寺内には全国から集めた狸の置物が三百点余りも並んでいます。

伏見区桃山町泰長老108　☎075-611-2844
時・料／境内自由
交／京阪宇治線「観月橋駅」より徒歩3分

西岸寺【油懸地蔵】［さいがんじ／あぶらかけじぞう］

油を懸けて商売繁盛を祈願

周辺の地名の由来ともなっている「油懸地蔵」を祀る西岸寺。鎌倉時代の作といわれる地蔵立像には、その名の通り、水ではなく油を懸けてお詣りします。その昔、山崎の油売りが門前で誤って油桶《ゆとう》を転がしてしまい、災難とあきらめて残りの油をお地蔵さまに懸けたところ、たちまち商売が繁盛したという伝承があり、人々がそれに倣うようになりました。松尾芭蕉も訪れ、境内には「我衣にふしみの桃のしづくせよ」の句碑があります。

伏見区下油掛町898　☎075-601-2955
時・料／境内自由
※油懸拝観：毎週金曜13:00～15:00・200円
交／京阪「中書島駅」より徒歩7分

まだまだある! 桃山・淀エリアの見どころ

長建寺［ちょうけんじ］
島の弁天さん

十石舟が行き交う流れのほとりに深紅の土塀と唐様の竜宮造りの門。平安時代中期の作といわれる八臂《はっぴ》弁財天が本尊で、水の神である弁天さまは、淀川水運の中継地である中書《ちゅうしょ》島《じま》で、とりわけ篤い信仰を集めてきました。境内には名水・閼伽水《あかすい》のほか、船頭や中書島の遊女らに時刻を知らせた梵鐘《ぼんしょう》があります。芸事に携わる人々にも信仰され、夏の弁天祭は大阪の天神祭のルーツともいわれています。

伏見区東柳町511　☎075-611-1039
時／9:00～16:00　料／志納
交／京阪「中書島駅」より徒歩4分

伏見義民の碑［ふしみぎみんのひ］
不正に立ち上がった町衆

御香宮神社には江戸時代中期に起こった「天明伏見義民騒動」の慰霊碑があります。伏見奉行六代目・小堀政方《まさかた》の搾取《さくしゅ》と暴虐《ぼうぎゃく》が横行する中、もと町年寄の文殊鍛冶《もんじゅかじ》・九助《くすけ》以下七人が天明五年（一七八六）に幕府へ直訴。政方は奉行罷免《ぶぎょうひめん》のうえ領地召し上げとなりますが、九助らは再吟味のため江戸に護送され、牢内で命を落とす者も出ました。伏見の人々は彼らを義民と讃え、墨染の欣浄寺《ごんじょうじ》（22頁）に供養として伏見大仏を建立。大黒寺《だいこくじ》（78頁）にも遺髪塔が残されています。

伏見区御香宮門前町174　御香宮神社内
☎075-611-0559
時・料／境内自由　※石庭は9:00～16:00・200円
交／京阪「伏見桃山駅」・近鉄「桃山御陵前駅」
より徒歩4分

與杼神社［よどじんじゃ］
淀・納所《のうそ》一帯の産土神《うぶすながみ》

淀・納所・水垂《みずたれ》・大下津《おおしもづ》の産土神で、応和年間（九六一～九六四）に佐賀県河上村の與止日女《よどひめ》神社より勧請したのに始まるといわれます。一方で『延喜式《えんぎしき》』にも與杼神社の名があり、応和以前からこの地に鎮座していたとする説が根強く、淀の古称である「與杼」はこの地に稲作や機織りを伝えた秦氏にちなみ、織物の道具「杼《ひ》」の字をあてたといわれます。本殿と拝殿は国の重要文化財に指定されていましたが、本殿は昭和五十年（一九七五）、未成年者の花火によって焼失。この事故が文化財へスプリンクラーを設置する契機の一つになりました。

伏見区淀本町167　☎075-631-2061
時／9:00～17:00　料／境内自由
HP／あり　交／京阪「淀駅」よりすぐ

コラム

発祥の地

Fushimi

次々と新しいものや情報が入って来る港町。とくに伏見は都に近い商業地・中継地ということもあり、先取りの気質に富んだ町といえるかもしれません。そして「伏見が発祥」というものもたくさんあります。

たとえば**「銀座」**。東京の繁華街の地名というイメージですが、そもそもは「銀の鋳造を行うところ」という意味。慶長6年（1601）に家康の命で伏見に日本初の銀座が開かれ、大黒常是《じょうぜ》が通用銀の鋳造を始めます。周辺には両替商が軒を連ね、経済の中心地になっていました。

大手筋商店街にある
銀座発祥の地の石碑

また、**「寒天」**の発祥は江戸時代の伏見という説もあります。天草などの海藻の煮《に》凝《こご》り（心太《ところてん》）は古くからある食品ですが、ある時、参勤交代の大名をもてなしていた本陣で心太の残りを寒い戸外に捨てておいたところ、数日後に凍って乾燥し白く変化していました。それをヒントに研究を重ねたものが寒天として全国に広まったといわれています。

時代は下って維新後の明治28年（1895）、日本初の路面電気鉄道（**チンチン電車**）が、伏見の油掛通と京都駅の間に開通しました。岡崎公園で開かれた博覧会の目玉でもあり、船で京都を訪れた人たちを会場へ移送したことから、油掛《あぶらかけ》通一帯にはたくさんの商店が並ぶようになりました。

近年でいえば、伏見の目抜き通り・大手筋商店街では、太陽光発電パネルつきのアーケードを日本で初めて誕生させています。新しいことに挑戦するだけでなく、それを自分たちのものにしていくのが、伏見商人なのです。

伏見の油掛通は市電発祥の地

日本初の太陽光パネル
つきアーケードもある
大手筋商店街

【伏見大手筋商店街振興組合】
伏見区大手筋通
☎075-601-0558
交／京阪「伏見桃山駅」・
近鉄「桃山御陵前駅」よりすぐ

コラム

わずか二年の「伏見市」

Fushimi

江戸幕府の直轄領《ちょっかつりょう》だった伏見は、殿さまを掲《かか》げない商人・職人の町として発達してきました。もちろん伏見奉行を頂点とした組織は絶対ですが、江戸時代初期からかなり進んだ自治制度を持ち、総《そう》年《どし》寄《より》、惣《そう》代《だい》(組頭)、町年寄、五人組といった組織がさまざまな取り決めを行い、町を運営していたことが記録に残っています。とくに奉行所の不正に立ち向かった「伏見義民」の活躍と犠牲は伏見の独立独歩の姿勢を賛美する気風と相まって、いまに語り継がれています。

明治に入り、伏見219ヶ町は「伏見区」のもとに改編されて伏水6組に統合され、その後、「伏水」「伏見」など混在していた表記が「伏見」に統一されます。伏見区が廃止されて「紀《き》伊《い》郡」に合併したあと、かつての219ヶ町のうち189ヶ町が「伏見町」、27ヶ町が「深草村」、3ヶ町が「向島村」となり、このほか伏見に所属していた立売、最上、伊達、魚屋、鍛冶屋、山崎の各町と、新しく「六地蔵村」を合併して「堀内村」が誕生しています。

合併によって行政区の中央集権化が進む中、とくに伏見町の人々は最初から単独市制を考えていたといわれています。桃山エリアが鉄道の開通や酒造業の発展、桃山御陵の築造などで飛躍的に発展したこともあり、向島・堀内・横大路を編入して市政をスタートさせるという構想も議論されていましたが、昭和4年(1929)に単独で「伏見市」が誕生。この名は2年という短い期間で消えてしまいますが、背景にはやむなく京都市と合併する時には有利な条件で対等合併を果たしたいという思いもありました。

かつて伏見が「市」であったことを知る人も少なくなっていますが、京都市の中で最大の行政区であることには変わりなく、さらに言えば行政区にとらわれない独立独歩の気風も、伏見ならではかもしれません。

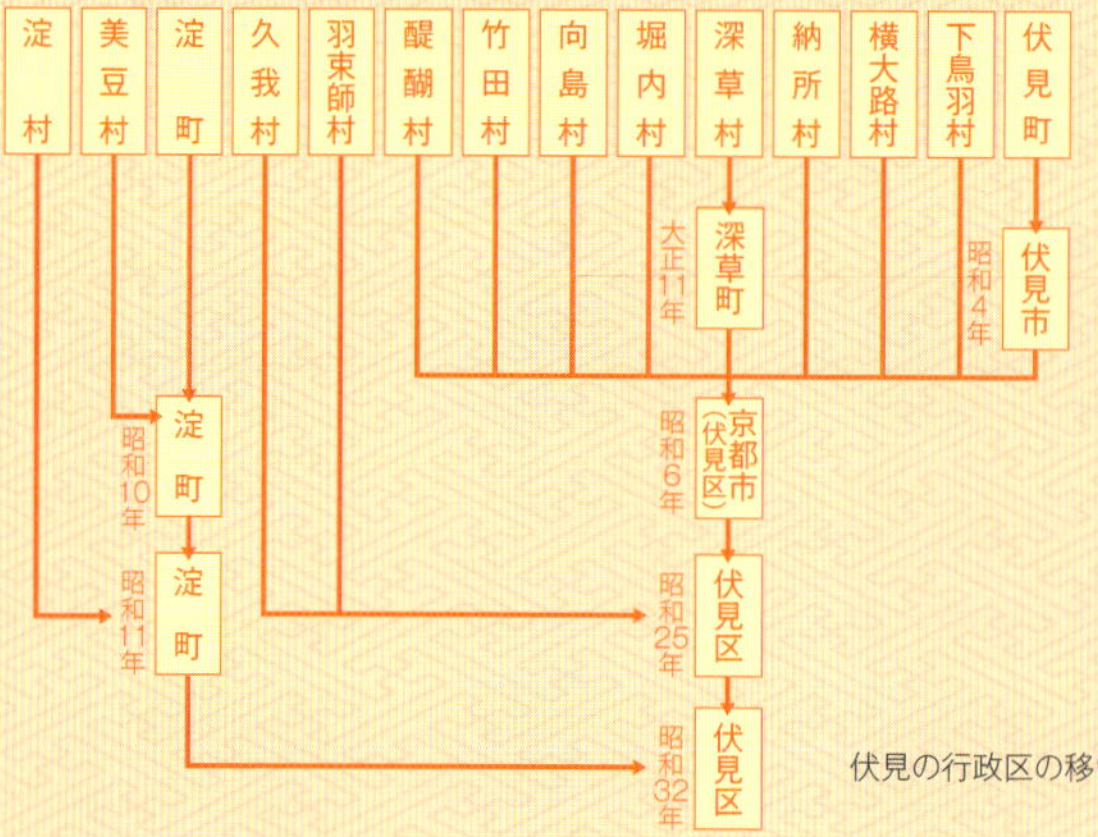

伏見の行政区の移り変わり

第四章

幕末～近代

伏見の港から日本の夜明けへ

鳥羽・桃山ほか

日本が大きく変わろうとする幕末、
都の外港であり、人や情報が集まる伏見は
策略や争い、そして維新に向けた改革の舞台となっていきます。
鳥羽伏見の戦いでは町の多くが焼かれ
幕府の直轄地の立場も失った伏見は見る影もないほどに
衰退しますが、何度苦境に見舞われてもチャンスをつかみ、
新しい時代にさらなる飛躍を遂げていきます。

料亭 魚三楼（127頁）の格子戸に残る
鳥羽伏見の戦いの弾痕

幕末動乱《ばくまつどうらん》

龍馬が駆け抜けた伏見の港

幕末、王政を復活させようという動きが高まると、王都の玄関口である伏見の港は往来が盛んになります。そんな中、薩摩藩の伏見の定宿である寺田屋（127頁）で藩の急進派とそれを鎮圧に来た藩士の乱闘事件が起こります。死者九名は伏見の人々の手で薩摩藩の祈願所・大黒寺《だいこくじ》へ埋葬されました。また、洛外追放されていた長州藩が、薩摩と対決すべく伏見に集結。元治元年（一八六四）六月、深草の宝塔寺《ほうとうじ》門前で「禁門の変」の火ぶたが切って落とされます。伏見の長州藩邸が焼き打ちに遭い、南浜一帯が戦火に巻き込まれました。前述の寺田屋は幕末の志士・坂本龍馬の拠点の一つ。龍馬は禁門の変で敵対していた薩摩と長州を同盟へと導くために伏見の港から各地へと東奔《とうほん》西走《せいそう》し、やがて日本を大政奉還《たいせいほうかん》へと導いていきます。

【大黒寺】
伏見区鷹匠町4　☎075-611-2558
時／9:00～16:00　料／境内自由
交／京阪「丹波橋駅」･近鉄「近鉄丹波橋駅」
より徒歩5分

【寺田屋浜】
伏見区南浜町界隈
交／京阪「中書島駅」より徒歩5分、
京阪「伏見桃山駅」より徒歩10分、
近鉄「伏見御陵前駅」より徒歩12分

坂本龍馬は常宿の寺田屋で襲撃されており、この写真ではその際に負った傷を懐に隠しているともいわれる（高知県立坂本龍馬記念館蔵）

人や積み荷でにぎわった船着き場は、現在「寺田屋浜」と呼ばれ、龍馬とその恋人・お龍のブロンズ像が町を見つめる

鳥羽伏見の戦い《とばふしみのたたかい》

大砲が飛び交い、町は戦場に

徳川慶喜《よしのぶ》によって大政奉還がなされ、慶応三年（一九六七）、ついに王政復古の大号令が出されます。ところが、新体制作りの中で薩長《さっちょう》と旧幕府の対立は激化。慶応四年（一八六八）元旦には慶喜が薩摩討伐を朝廷に申し出、新撰組七百名を含む旧幕府軍の主力部隊が伏見奉行所に入る事態に至ります。一方、薩長も事態を予測して、すでに鳥羽・伏見の要所に隊を配備していました。翌々三日の夕刻、まず鳥羽街道の小枝《こえだ》橋《ばし》付近で戦端が切られ、近くの城南宮では薩摩藩によって表参道に設置された四門のアームストロング砲が一斉に放たれました。

轟音《ごうおん》は桃山丘陵近くまで響き、それを合図に御香宮神社東方の高台に布陣していた薩摩の隊が伏見奉行所へ向けて大砲を撃ち込みます。いたるところで白兵戦が展開され、伏見の市街地が瞬く間に戦場となる中、町を東西に横切る大手筋の北側には御香宮神社から濠《ほり》川《かわ》に至るまで薩摩・長州・土佐の隊が南面し、東の大和大路通側からも攻められた旧幕府軍は宇治川を背に包囲され、次第に追いつめられていきました。四日午後、淀の富ノ森で錦の御旗が翻《ひるがえ》り、薩長土《さっちょうど》軍が官軍となったことで旧幕府軍は一気に戦意を喪失していきます。のちに「戊辰《ぼしん》戦争」と呼ばれるこの戦いのあと、焼け野原となった伏見は、国中が新しい時代に湧く中、まさにどん底からスタートを切ることになるのです。

戦端が切って落とされた小枝橋。
いまも伏見の各地に戊辰戦争の慰霊碑が残され、
被害の大きさをうかがうことができる

【小枝橋の戊辰戦争慰霊碑】

伏見区中島流作町
交／地下鉄烏丸線･近鉄「竹田駅」より徒歩20分、
「竹田駅」より市バス「城南宮東口」下車徒歩5分

戊辰戦争を描いた錦絵「毛理嶋山官軍大勝利図」部分（日野市立新選組のふるさと歴史館蔵）

水運の盛衰《すいうんのせいすい》

鉄道の台頭と、三栖閘門の完成

伏見港と大阪を結んだ外輪式の蒸気船（淀川記念館蔵）

【三栖閘門】
伏見区葭島金井戸町
交／京阪「中書島駅」より徒歩10分
※三栖閘門資料館は118頁参照

度重なる戦火に焼かれた伏見の町は、追い打ちを掛けるように幕府の直轄地という立場を失い、京都が首都機能を失ったことで商業・産業でも大きな危機に直面します。人々は失意の中で明治維新を迎え、頼みの綱となるのは、伏見港の水運。明治二年（一八六九）には外輪式の蒸気船も就航して、物流量は飛躍的に伸びていきました。ところが、明治十年（一八七七）に大阪、京都間に鉄道（現・ＪＲ）が敷かれると、状況に変化があらわれます。鉄道による陸運が主流になるにつれ、三十石船や船運に携わる京橋や南浜の問屋は少しずつ姿を消していきました。

大正六年（一九一七）の大洪水をきっかけに、淀川改修増補工事が開始され、観月橋から三栖《みす》にも堤が築かれることになります。しかし、それでは船が伏見港から宇治川へ出られなくなるため、水位差を調整して船の往来を可能にする「三栖閘門《みすこうもん》」が建設され、昭和四年（一九二九）に完成。鉄道貨物が急増して混雑する中、再び船運が注目され、軍需拡張による需要も増えたことから、当時は年間二万隻もの船が閘門を通ったと記録されています。

三栖閘門は濠川と宇治川の水位を調整して船を往来させる「船のエレベーター」

町の近代化《まちのきんだいか》

鉄道に乗って 伏見の酒も全国へ

　鉄道は伏見の水運にとって強力なライバルとなりましたが、一方では発展にも大きな影響を与えています。明治二十八年（一八九五）、第四回内国勧業博覧会が京都・岡崎公園一帯で開かれ、あわせて日本初の路面電気鉄道（チンチン電車）が伏見の油掛町《あぶらかけちょう》から京都七条間に開通。京都へ船で訪れる人々が伏見港を経由したことで、町はおおいににぎわいます。

　さらに京都市が産業活性策として進めていた琵琶湖疏水《そすい》を旧伏見城の外堀だった濠川に繋ぎ、宇治川と結ぶ工事がスタート。疏水と外堀との

伏見油掛町—京都七条間に開通した日本初の路面電気鉄道（写真提供／京都市交通局）

水位差を解消するために、船を四輪車に乗せてケーブルで上下させる墨染《すみぞめ》インクライン（傾斜鉄道）が造られ、高低差を活用した水力発電所も設けられます。当初は電力を怖がる人もあったようですが、利便性が浸透し、売電事業も上向きになっていきました。

　伏見の商工業は幕末から続く零細な手工業者が中心でしたが、倉庫や汽船事業の株式会社化や共同出資の伏見銀行設立なども行われ、酒造業界においても開通したばかりの東海道本線によって東京市場への売り込みを始めます。経験や勘に頼ることの多かった酒造りにも科学的な知識や先進の手法が導入され、明治四十二年（一九〇九）には、伏見酒造組合醸造研究所を設立。その成果もあり、多くの銘柄が全国に名を馳せるようになっていきました。

酒造りへの科学技術導入の先駆けとなった
初代の大倉酒造研究所（写真提供／月桂冠株式会社）

陸軍と大葬《りくぐんとたいそう》

町に活況をもたらした軍需

明治天皇伏見桃山陵で行われた桃山大葬列（絵ハガキより）

近代の伏見経済を牽引《けんいん》したものの一つとして挙げられるのが、陸軍の進出です。明治二十七年（一八九四）に日清戦争の勃発で軍部の増強が始まる中、同三十一年（一八九八）に陸軍第三十八連隊、第十九旅団司令部、京都連隊区司令部が、十年後にはこれらを統括する第十六師団《しだん》司令部が深草に置かれます。一帯に練兵場や兵舎が建ち並び、風格ある司令本部（現・聖母女学院本館）も建設。司令部と京都駅を結ぶ二車線の大通りが通され、いまも「師団街道《しだんかいどう》」の呼び名が残っています。商工業者も伏見に集まり始め、さながら城下町を再現するかのようでもありました。とくに軍需によって生産量が増え、全国に名をとどろかせることになったのが「伏見の酒」。前述の研究開発の成果もあり、同四十四年（一九一一）、農商務省主催の全国清酒品評会で伏見の二十三銘柄が入賞しています。

その翌年の明治天皇崩御後、旧伏見城跡に陵墓が造られることになり、大正元年（一九一二）九月に桃山大葬列が行われました。その後も御陵参拝者は多い時には年間三十万人が訪れ、周辺の商店や旅館はおおいににぎわいました。

【学校法人 聖母女学院】

伏見区深草田谷町1　☎075-641-0507
※本館·記念室の見学は1週間前までに電話予約が必要
HP／あり　交／京阪「藤森駅」より徒歩3分

陸軍の司令本部は現在、聖母女学院の事務局になっている

港町の復活《みなとまちのふっかつ》

町衆の結束力が拓いた新たな道

伏見の酒の味を支える良質の伏流水（地下水）

第二次世界大戦後、軍需を失った伏見は再び苦境に立たされます。しかし、大手筋をはじめとする商店街はいち早く手を結んでアーケードを建設、酒造業界においても冬季のみの酒造りが当たり前とされてきた中で、昭和三十六年（一九六一）には大倉酒造（現・月桂冠）が「四季醸造蔵」を開発。日本酒造業界に旋風を巻き起こします。他の酒蔵も次々と新技術に取り組み、伏見の酒は常に注目を集めるようになっていきます。

一方、伏見の水運は戦後に入って需要が低下し、同三十八年（一九六三）には伏見港の埋め立てが決定。千年以上に亘る港の歴史がついに幕を下ろしました。役目を失った水辺は見る影もなく荒れていましたが、地元企業や市民によってクリーンアップ作戦がスタート。平成六年（一九九四）の伏見開港四〇〇年祭を前に水辺に親しむ公園などが整備され、その後、伏見観光の目玉として十石舟と三十石船が復活を果たしました。

幾度となく訪れた困難を〝町衆〟の結束力で乗り越えてきた伏見は、まさに「不死身」の町。そんな地域にどっしりと根を下ろした底力が、これからも人を呼び、惹きつけていく源になるのかもしれません。

平成10年（1998）からシーズン定期運航が始まった十石舟と三十石船事業（90頁）

町の財産である川を守ろうと行政や企業だけでなく子どもたちによる「京都伏見ジュニア河川レンジャー」（127頁）も結成され、清掃や調査活動が続けられている

まだまだある！ 鳥羽・桃山エリアほかの見どころ

十石舟・三十石船［じっこくぶね・さんじっこくぶね］

船から眺める酒蔵の町並み

いくつもの橋をくぐり、酒蔵の間を抜けてゆったりと進む屋形船。伏見の町にめぐらされた宇治川派流や濠川《ほりかわ》をまわる「十石舟」「三十石船」は、港町の面影をいまに伝える観光船です。南浜町から三栖閘門《みすこうもん》を見学して折り返すコースになっていて、十石舟は約五十五分、三十石船は約四十分。春には川岸の桜を眺めながら船旅を楽しむこともできます。

伏見区南浜町247　☎075-623-1030
運航期間／十石舟：4〜11月
三十石船：4月上旬〜5月上旬、10月上旬〜11月下旬の土日祝
休／十石舟：期間中の月曜（祝日の場合および4・5・10・11月の月曜は運航）
三十石船：期間中の月〜金曜　※祝日は運航
料／大人1000円　小学生以下500円
交／京阪「中書島駅」より徒歩10分
乗船場／十石舟：月桂冠大倉記念館裏乗船場
三十石船：寺田屋浜乗船場

伏見みなと広場

港の歴史を伝える親水《しんすい》公園

宇治川に向かって高くそびえる三栖閘門《みすこうもん》。伏見を代表する産業近代遺産の足元に広がるこの広場は、宇治川派流に沿って整備された散策路と一帯になっていて、市民に愛される憩いの場です。川辺には淀川三十石船も復元されていて、港と水運の歴史を伝え、水辺に親しむ公園になっています。三栖閘門資料館（118頁）も隣接し、十石舟・三十石船の遊覧コースの折り返し地点になっていることから、観光に訪れた人の休憩地としても利用されています。

伏見区葭島金井戸町
時・料／園内自由
交／京阪「中書島駅」より徒歩10分

淀堤千両松・戊辰戦争東軍戦死者の墓

淀に倒れた旧幕府軍の兵士たち

淀の京都競馬場そば、府道一二四号線沿いの淀堤千両松《よどつつみせんりょうまつ》跡に戊辰戦争《ぼしんせんそう》で落命した人々の慰霊碑がひっそりと建てられています。鳥羽伏見の戦場から淀へと追いつめられた旧幕府軍（東軍）は最後の頼みとしていた淀城へ入ろうとしますが、淀藩はそれを拒否、大坂への敗走を余儀なくされます。淀では多くの戦死者が出ましたが、とくに賊軍となった旧幕府側の戦死者は野ざらしとなっていたため、町の人々によって手厚く葬られ、いまもの慰霊碑やいくつもの墓が残されています。

伏見区納所下野（淀堤千両松跡）
交／京阪「淀駅」より徒歩10分

妙教寺［みょうきょうじ］

いまも砲弾痕が残る本堂の柱

寛永三年（一六二六）に法華《ほっけ》又左衛門《またざえもん》貞清《さだきよ》が城主・松平定綱から旧淀城の土地を拝領し、新しい淀城の守護として建立した寺院。幕末、この周辺は戊辰戦争の戦いで激戦地となり、妙教寺や民家の上にも銃弾が雨のごとく降り注ぎました。本堂の柱には砲弾が貫通しました。しかし、不発弾だったために寺は幸いにも難を逃れましたが、いまもその生々しい爪痕が残っていて、境内には「戊辰之役東軍戦死者之碑」が建てられています。

伏見区納所北城堀49　☎075-631-2584
時・料／境内自由
交／京阪「淀駅」より徒歩5分

JR稲荷駅ランプ小屋

赤レンガ造りの近代鉄道遺産

伏見稲荷大社の参道の目の前にあるJR奈良線「稲荷駅」。その構内には表の通りからもひと際目を引くレンガ造りの古い小屋があります。これは明治十二年（一八七九）に稲荷・山科を経て大津へ至る東海道線が敷設された際に建てられたとされるランプ小屋で、駅舎などの石油ランプ灯具の整備・保管や油類の保管に使用されたもの。準鉄道記念物に指定されています。現在は使われていた鉄道標識などが収蔵・展示されていています。

伏見区深草稲荷御前町
☎0570-00-2486（JR西日本お客様センター）
料／駅入場料140円　※7日前までに要予約
交／JR奈良線「稲荷駅」構内

乃木神社［のぎじんじゃ］

乃木大将を祀り、遺品を収蔵

明治天皇の大葬にあたり、殉死《じゅんし》した乃木希《まれ》典《すけ》大将と夫人を祀るため、大正五年（一九一六）に明治天皇伏見桃山陵近くに創建されました。天皇陵の南面に本殿は建てられていて、日露戦争の英雄として知られる乃木大将は死してなお、明治天皇に臣下として仕えています。境内には復元された山口県長府の旧宅や日露戦争で司令部として使われた中国の民家、資料館などがあり、境内から湧出している「勝《かち》水《みず》」は勝運をもたらすとされ、汲みに訪れる人もあります。

伏見区桃山町板倉周防32－2
☎075-601-5472
時・料／境内自由
※資料館は9:00～17:00・100円
交／JR奈良線「桃山駅」より徒歩10分

コラム

天皇陵

Fushimi

巨椋池や宇治川の流れを望む桃山丘陵《ももやまきゅうりょう》は風光明媚なことで古くから知られてきました。平安京を築いた桓武《かんむ》天皇の陵墓もここにあり、平安貴族たちが山荘を構えて遊興した地でもあります。秀吉もここに木幡伏見城を築いて月を愛でましたが、「桃山」という地名は実は秀吉の死後につけられたもの。徳川三代将軍·家光の時代、役目を終えた伏見城の遺構は各地に移築され、跡地は荒れ放題となっていました。それを見かねた人々が桃の木を植え、元禄期には桃の名所として名を広めたといい、伏見の歴史からすると比較的新しい呼び名です。

この桃山丘陵に眠る明治天皇は、自らこの地を陵墓に選ばれたとのこと。明治10年(1977)頃、青年天皇が陸軍の行事を視察した際に伏見城跡に立ち寄り、この地を買っておくよう指示されたと伝わっています。陵墓の形は天智天皇の御陵を模した上円下方墳で、表面は光沢のある小豆島の礫砂《れきさ》が覆い、東隣には昭憲皇太后の伏見桃山東陵が並びます。また、深草、鳥羽、醍醐などにも歴代天皇の陵墓が点在しており、厳かな静寂とともに守られています。

【桓武天皇柏原陵】
伏見区桃山町永井久太郎
時／8:30～17:15
料／境内自由　HP／あり
交／京阪「丹波橋駅」·
近鉄「近鉄丹波橋駅」より徒歩10分

【明治天皇伏見桃山陵】
伏見区桃山町古城山　時／8:30～17:15
料／境内自由　HP／あり
交／JR奈良線「桃山駅」より徒歩15分

歴史をたどる 伏見 ぶらり歩き

歴史と町の空気に触れて
伏見を巡ってみませんか。
史跡や見どころをたどってみることで
先人たちの息づかいを感じることが
できるかもしれません。
「桃山」「深草・稲荷」「鳥羽」
「醍醐・日野」「淀」の五つの散策コースを
ご紹介します。

墨染インクライン跡近くの桜

散策コースについて

◇表記の時間は徒歩で移動の場合。時間・距離ともに目安です。
◇ポイントから次のポイントまでの移動時間のみの表記で
参拝・見学の時間は含みません。
◇名称横の数字は、住所・アクセス等を掲載した頁番号です。
◇寺社は信仰の場です。マナーを守って訪れましょう。
◇地図の凡例は109頁を参照してください。

酒蔵の町並みを歩く

桃山コース

酒蔵が建ち並ぶ中を縫うようにして進む舟のコースや、「月桂冠大倉記念館」、「黄桜記念館」のあるあたりは絶好の撮影スポット。どの道から来ても撞木《しゅもく》形に道が突き当たる「四ツ辻の四ツ当たり」は、城下町の名残りで、すぐ近くの「白菊水《しらぎくすい》」は水を汲みに訪れる人が絶えません。『看聞御記《かんもんぎょき》』を記した伏見宮貞成《さだふさ》親王の伏見《ふしみ》松林院陵《しょうりんいんのみささぎ》があるほか、観光案内と酒商品を集めたおみやげ処「伏見《ふしみ》夢《ゆめ》百衆《ひゃくしゅう》」や酒蔵を活用した飲食店、活気ある商店街も必見です。

⑦伏見松林院陵

①御香宮神社の御香水

⑨十石舟乗り場

②伏見奉行所跡

⑬西岸寺（油懸地蔵）

③鳥羽伏見の戦いの弾痕（魚三楼）

⑮伏見夢百衆

⑥白菊水

ゆったり
1日コース

京阪「伏見桃山駅」・近鉄「桃山御陵前駅」
4分 400m
①御香宮神社 54頁
7分 600m
②伏見奉行所跡 127頁
3分 250m
③鳥羽伏見の戦いの弾痕（魚三楼） 127頁
2分 150m
④銀座発祥の地 127頁
5分 350m
⑤四ツ辻の四ツ当たり 127頁
1分 50m
⑥白菊水 127頁
3分 300m
⑦伏見松林院陵 127頁
2分 200m
⑧月桂冠大倉記念館 70頁
1分 50m
⑨十石舟乗り場 90頁
1分 50m
⑩長建寺 74頁
5分 400m
⑪寺田屋 127頁
2分 200m
⑫市電発祥の地 127頁
1分 50m
⑬西岸寺（油懸地蔵） 73頁
2分 150m
⑭黄桜記念館 72頁
2分 150m
⑮伏見夢百衆 127頁
8分 700m
京阪「伏見桃山駅」・近鉄「桃山御陵前駅」
または京阪「中書島駅」

総移動距離 約4km　移動時間 約60分

近鉄京都線
京阪本線
JR奈良線
榮春寺
海宝寺
24
桓武天皇柏原陵
桃山
丹波橋
近鉄丹波橋
竹田街道
大栄寺
玄忠寺
呉竹文化センター
聚楽橋
大黒寺
金札宮
西養寺
伏見区総合庁舎
伏見中央図書館
毛利橋
濠川
桃山町
桃山御陵前
❶御香宮神社
西岸寺（油懸地蔵）⓭
市電発祥の地⓬
四ツ辻の四ツ当たり❺
銀座発祥の地❹
伏見義民の碑
御香宮前
桃山
大手橋
伏見桃山
❸鳥羽伏見の戦いの弾痕（魚三楼）
阿波橋
❻白菊水
⓮黄桜記念館
❷伏見奉行所跡
観月橋団地
崇光天皇・光明天皇大光明寺陵
⓫寺田屋
京橋
寺田屋浜
⓯伏見夢百衆
指月の森
指月山月橋院
角倉了以の顕彰碑
三十石船乗り場
月桂冠❽大倉記念館
❼伏見松林院陵
西運寺
江戸町
観月橋
京阪宇治線
長建寺❿
❾十石舟乗り場
中書島
観月橋北詰
宇治川派流
肥後橋
中書島
宇治川
観月橋南詰
金井戸神社（三栖神社御旅所）
外環状線
近鉄京都線
伏水製作所跡
伏見港公園
向島
伏見みなと広場
三栖閘門資料館
宇治川公園
三栖閘門
奈良街道

古社と疏水の町をゆく

深草・稲荷コース

伏見を代表する古社が鎮座する深草。「仁明天皇深草陵《にんみょうてんのうふかくさのみささぎ》」や「後深草天皇深草北陵《ふかくさのきたのみささぎ》」があり、商売繁盛のご利益で知られる「深草聖天《ふかくさしょうてん》（嘉祥寺《かしょうじ》）」や歯痛封じの「ぬりこべ地蔵尊」、千羽鶴に彩られた「東丸《あずままろ》神社」、和泉式部ゆかりの「田中神社」などが点在します。「伏見稲荷大社」奥の「お山」をめぐるなら朝からゆったり一日取って出かけたいところです。

①墨染寺

⑧深草聖天（嘉祥寺）

③墨染インクライン跡

⑩ぬりこべ地蔵尊

④藤森神社

⑪伏見稲荷大社

⑦後深草天皇深草北陵

⑬田中神社

ご利益 1日コース

京阪「墨染駅」
1分 100m
①墨染寺 22頁
2分 200m
②欣浄寺 22頁
2分 200m
③墨染インクライン跡 127頁
10分 800m
④藤森神社 18頁
12分 1000m
⑤聖母女学院 87頁
15分 1500m
⑥仁明天皇深草陵 127頁
7分 600m
⑦後深草天皇深草北陵 126頁
1分 50m
⑧深草聖天（嘉祥寺） 126頁
12分 1000m
⑨東丸神社 126頁
2分 150m
⑩ぬりこべ地蔵尊 126頁
6分 500m
⑪伏見稲荷大社 14頁
1分 50m
⑫JR稲荷駅ランプ小屋 91頁
10分 800m
⑬田中神社 126頁
1分 50m
京阪「鳥羽街道駅」

総移動距離 約6.7km 移動時間 約90分

烏丸札ノ辻
十条
十条烏丸
竹田街道十条
陶化橋
鳥羽街道
⑬田中神社
正覚庵
長州兵墓地
南明院
阪神高速8号京都線
鴨川東I.C.
阿保親王塚
藤原俊成墓
久世橋通烏丸
竹田街道久世橋通
勧進橋
荒木滝
極楽寺
権太夫滝
三ツ辻
眼力社
伏見人形（丹嘉）
荒神峰
御膳谷奉拝所
稲荷新道
伏見稲荷
大橋家庭園（苔涼庭）
四ツ辻
稲荷大社
三ノ峰
⑪伏見稲荷大社
間ノ峰
二ノ峰
地下鉄烏丸線
鴨川
JR稲荷駅
稲荷
⑨東丸神社
千本鳥居
稲荷神宝神社
ランプ小屋⑫
摂取院
弘法滝
府警察学校
府警察機動隊
⑩ぬりこべ地蔵尊
24
深草
石峰寺
龍谷大学
宝塔寺
一本松
竹田久保町
七面宮
くいな橋
伊良子一族の墓
師団街道龍大前
霊光寺
琵琶湖疏水
伏見街道（直違橋通）
道澄寺
瑞光寺（元政庵）
東高瀬川
師団街道
西浦町
深草
⑧深草聖天（嘉祥寺）
古天王
深草弥生遺跡碑
沓塚
⑦後深草天皇深草北陵
⑤聖母女学院
名神高速道路
藤森
竹田出橋
⑥仁明天皇深草陵
青少年科学センター
京エコロジーセンター
国立病院前
伊達町
深草谷口町
直違橋
京都医療センター
深草飯食町
伏見区役所深草支所
七瀬川
京阪本線
④藤森神社
JR奈良線
京都教育大学
まなびの森ミュージアム
墨染
JR藤森
深草大亀谷
墨染寺①
欣浄寺②
伏見
撞木町廓跡
近鉄京都線
伏見郵便局
③墨染インクライン跡

離宮跡から草津の港へ

鳥羽コース

鳥羽離宮ゆかりの天皇の陵墓「近衛《このえ》天皇安樂壽院南陵《てんのうあんらくじゅいんのみなみのみささぎ》」、「鳥羽《とば》天皇《てんのう》安樂《あんらく》壽院陵《じゅいんのみささぎ》」、「白河天皇成菩提院陵《しらかわてんのうじょうぼだいいんのみささぎ》」があり、「北向山《きたむきざん》不動院《ふどういん》」は王城鎮護のため不動明王像が北に向けられていることからその名が起こりました。「鳥羽離宮跡公園」には、幕末の鳥羽伏見の戦いの慰霊碑もあり、鴨川沿いには鳥羽の大仏で知られる「一念寺《いちねんじ》」のほか、二条城の礎石ために運ばれ、川底に沈んでいた「鳥羽の大石《おおいし》」が曳き上げられています。

健脚 半日コース

地下鉄·近鉄「竹田駅」		
7分	600m	
①近衛天皇安樂壽院南陵	126頁	
1分	50m	
②安楽寿院	31頁	
2分	100m	
③鳥羽天皇安樂壽院陵	126頁	
2分	150m	
④北向山不動院	126頁	
5分	350m	
⑤白河天皇成菩提院陵	126頁	
8分	700m	
⑥城南宮	32頁	
5分	400m	
⑦小枝橋(鳥羽伏見の戦いの慰霊碑)	81頁	
3分	250m	
⑧鳥羽離宮跡公園(鳥羽伏見の戦いの慰霊碑)	26頁	
15分	1200m	
⑨恋塚寺	41頁	
6分	500m	
⑩鳥羽の大石	126頁	
8分	700m	
⑪一念寺	126頁	
7分	600m	
⑫草津の湊跡	27頁	
7分	600m	
市バス「八丁畷」ほか		
30分		
京阪「中書島駅」		

総移動距離 約6.2km 移動時間 約90分

⑧鳥羽離宮跡公園
(鳥羽伏見の戦いの慰霊碑)

①近衛天皇安樂壽院南陵

⑩鳥羽の大石

②安楽寿院

⑪一念寺

④北向山不動院

⑫草津の湊跡

⑥城南宮

京都南I.C.
城南宮北I.C.
竹田
竹田
名神高速道路
③鳥羽天皇安樂壽院陵
②安楽寿院
①近衛天皇安樂壽院南陵
④北向山不動院
白河天皇成菩提院陵⑤
小枝橋
小枝橋⑦
（鳥羽伏見の戦いの慰霊碑）
⑥城南宮
中島
⑧鳥羽離宮跡公園
（鳥羽伏見の戦いの慰霊碑）
城南宮南I.C.
おせきもち
パルスプラザ
総合見本市会館
京セラ美術館
久我橋
京川橋
千本通赤池
赤池
棒鼻
伏見
鴨川
西高瀬川
阪神高速8号京都線
下鳥羽公園
⑨恋塚寺
竹田街道
大栄寺
油小路通
戊辰役東軍戦死者埋骨地
（悲願寺墓地）
鳥羽の大石⑩
高瀬川
聚楽橋
西養寺
桂川
1
伏見警察署
下鳥羽
毛利橋
戊辰役東軍戦死碑
（法傳寺内）
宝福寺
濠川
三栖公園
菜の花と酒蔵
（松本酒造）
竹田街道大手筋
大手筋
大手橋
市電発祥の地石標
⑪一念寺
東高瀬川
阿波橋
⑫草津の湊跡
羽束師橋
八丁畷
角倉了以の顕彰碑
京橋
三十石船乗り場
魚市場発祥の地
伏見I.C.
中書島
肥後橋
中書島
外環横大路
横大路
三栖神社
金井戸神社
（三栖神社御旅所）
外環状線

古刹と旧街道をたどる

醍醐・日野コース

ほっこり
1日コース

山科盆地から醍醐、六地蔵を経て大和（奈良）へと続く旧奈良街道。その道沿いや周辺にはユネスコ世界遺産の「醍醐寺」をはじめ、腹帯地蔵として知られる「善願寺《ぜんがんじ》」、醍醐寺の子院があった「栢《かや》の杜《もり》遺跡」や平家物語の悲劇を伝える「平重衡《たいらのしげひら》の墓」もひっそりと残されています。街道から東へ入った日野の里は、藤原氏の流れを汲む日野氏ゆかりの地で、萱尾《かやお》神社には珍しいキリシタン灯籠が伝わっています。

地下鉄東西線「醍醐駅」		
15分	1200m	
①醍醐寺		34頁
12分	1000m	
②善願寺		126頁
7分	600m	
③一言寺		40頁
11分	900m	
④栢の杜遺跡		126頁
5分	400m	
⑤平重衡の墓		126頁
11分	900m	
⑥萱尾神社		126頁
5分	350m	
⑦法界寺（日野薬師）		39頁
22分	1700m	
⑧天穂日命神社		40頁
4分	300m	
地下鉄東西線「石田駅」		

総移動距離 約7.4km 移動時間 約100分

①醍醐寺

⑤平重衡の墓

②善願寺

⑥萱尾神社

③一言寺

⑦法界寺（日野薬師）

④栢の杜遺跡

⑧天穂日命神社

醍醐上ノ山
明智塚
独鈷水
一音寺
朱雀天皇醍醐陵
山科川
桜塚
中山団地
醍醐新町
赤間水
西方寺
理性院
三宝院
頼政道跡
醍醐寺 1
旧奈良街道
醍醐中央図書館
パセオ・ダイゴロー
霊宝館
西館
醍醐
東館
五重塔
報恩院
法琳寺跡石碑
西方寺
光台院
醍醐和泉
小栗栖牛ヶ渕
醍醐高畑
下村家
醍醐
伏見区役所醍醐支所
善願寺 2
新奈良街道
地下鉄東西線
外環状線
3 一言寺
柳戸川
4 栢の杜遺跡
石田
石田森東
8 天穂日命神社
苗塚
合場川
5 平重衡の墓
石田の杜
石田
石田大山
日野川
日野誕生院
6 萱尾神社
法界寺（日野薬師） 7
日野

幕末の戦いの跡をめぐる

淀コース

かつて港として栄えた淀。江戸時代に朝鮮通信使が上陸した船着場「唐《とう》人《じん》雁《がん》木《ぎ》跡《あと》」や、かつて宇治川に架けられていた「淀《よど》小《こ》橋《ばし》跡《あと》」がその歴史を伝えています。戊辰戦争では激戦地となり、桂川の堤の近くにある「愛宕《あたご》茶屋《ちゃや》跡《あと》・戊辰戦争東軍戦死者の墓」や「妙教寺」の慰霊碑には、いまも花をたむける人が多く訪れます。また、淀駅近くでにぎわいの中心になっているのが「京都競馬場」。巨椋池の一部が馬場中央の池として残されています。

てくてく 3時間コース

京阪「淀駅」
↓ 5分 400m
①淀城跡 52頁
↓ 1分 50m
②與杼神社 74頁
↓ 4分 300m
③唐人雁木跡 126頁
↓ 2分 150m
④淀小橋跡 126頁
↓ 10分 800m
⑤妙教寺 91頁
↓ 12分 1000m
⑥愛宕茶屋跡・戊辰戦争東軍戦死者の墓 126頁
↓ 20分 1500m
⑦淀堤千両松・戊辰戦争東軍戦死者の墓 90頁
↓ 6分 500m
⑧京都競馬場 126頁
↓ 2分 200m
京阪「淀駅」

総移動距離 約5km　移動時間 約60分

①淀城跡

⑤妙教寺

②與杼神社

⑥愛宕茶屋跡・戊辰戦争東軍戦死者の墓

③唐人雁木跡

⑦淀堤千両松・戊辰戦争東軍戦死者の墓

④淀小橋跡

⑧京都競馬場

❻愛宕茶屋跡・
戊辰戦争東軍戦死者の墓
淀堤千両松・
戊辰戦争東軍戦死者の墓
❼
桂川
妙教寺❺
横大路
納所
淀水垂
唐人雁木跡
❸
宮前橋
❹淀小橋跡
納所
淀
淀川瀬水車旧址
❷與杼神社
淀城跡公園
❶淀城跡
伏見区役所淀出張所
❽京都競馬場
京阪本線
淀
大橋辺
宇治川
名神高速道路
浜納屋

伏見歳時記

※日程などは変更になる場合があるのでご注意ください。
※本文で紹介した社寺や場所を中心に掲載しています。

1月

1日 初詣（御香宮神社・伏見稲荷大社など、各社寺）
歳旦祭（金札宮）
若水神事（御香宮神社）
御利益めぐり（大黒寺）
1〜15日 五福めぐり（長建寺・大黒寺・藤森神社・御香宮神社・乃木神社）
3日 生誕祭（東丸神社）
5日 新始式（城南宮）
年頭式初護摩供（醍醐寺）
大山祭（伏見稲荷大社）
6日 初聖宝会（醍醐寺）
7日 七種神事（御香宮神社）
9〜11日 十日恵比須祭（金札宮）
12日 奉射祭（伏見稲荷大社）
14日 日野裸おどり（法界寺）
15日に近い日曜 左義長（三栖神社）
成人の日 成年祭（伏見稲荷大社）
18日 厄除祭（伏見稲荷大社）
20日 湯立神楽（城南宮）

2月

3日 節分祭・節分会（醍醐寺・金礼宮など、各社寺）
初午の日 初午大祭（伏見稲荷大社）
上卯日 御弓始神事（御香宮神社）
11日 城南宮七草粥の日（城南宮）
11日 紀元祭（伏見稲荷大社）
17日 祈年祭（伏見稲荷大社）
18日〜3月中旬 しだれ梅と椿まつり（城南宮）
23日 五大力尊仁王会（醍醐寺）

3月

15日 涅槃会（欣浄寺）
18日 元政忌（瑞光寺）
18日 春季彼岸法要（墨染寺など、各寺院）

4月

- 1日～11月30日　十石舟運航（月桂冠大倉記念館裏乗船場～三栖閘門往復）
- 上旬～5月上旬の土曜・日曜・祝日　三十石船運航（寺田屋浜乗船場～三栖閘門往復）
- 1～7日　桜まつり開山忌（長建寺）
- 3日　お千度祭（長尾天満宮）
- 入学奉告祭（東丸神社）
- 8日前後2日間　桜まつり（墨染寺）
- 8日最寄の日曜　産業祭（伏見稲荷大社）
- 12日　水口播種祭（伏見稲荷大社）
- 第2日曜　太閤花見行列（醍醐寺）
- 中旬頃　献茶祭（御香宮神社）
- 17日　例祭（御香宮神社）
- 20日最寄の日曜　稲荷祭神幸祭（伏見稲荷大社）
- 29日　曲水の宴（城南宮）
- 30日前後の日　稲荷祭区内巡幸（伏見稲荷大社）

5月

- 1～5日　藤森祭（藤森神社）
- 3日　稲荷祭還幸祭（伏見稲荷大社）
- 4日　稲荷祭後宮祭（伏見稲荷大社）
- 13～15日　金札宮例大祭・神幸祭（金札宮）
- 18日　伏見義民祭（御香宮神社）
- 准胝観音開扉法要（醍醐寺）

6月

- 4日　ぬりこべ地蔵歯痛封じ法要（深草・稲荷保勝会）
- 初旬　紫陽花苑開苑（藤森神社）
- 10日　田植祭（伏見稲荷大社）
- 15日　紫陽花祭（藤森神社）
- 25日～30日　茅の輪くぐりと人形流し（城南宮）
- 夏越御禊祓い（長尾天満宮）
- 30日　夏越の祓（城南宮）
- 大祓式（伏見稲荷大社）

7月

- 1~7日　愛車の茅の輪くぐり（城南宮）
- 本宮祭の前日　宵宮祭（伏見稲荷大社）
- 土用入り後、初の日曜または祝日　本宮祭（伏見稲荷大社）
- 20日　お涼み（城南宮）
- 下旬　伏見7商店街　夏の夜市（風呂屋町商店街・大手筋商店街・納屋町商店街・龍馬通商店街・油掛商店街・中書島商店街・中書島柳町商店街）
- 第4日曜　弁天祭（長建寺）
- 31日　茅の輪神事（御香宮神社）

8月

- 4日~5日　醍醐山万灯供養会（醍醐寺）
- 6日　開山忌竪義会（醍醐寺）
- 8日　長者社例祭（伏見稲荷大社）
- 上旬　伏見万灯流し（寺田屋浜）
- 15日　玉山稲荷社例祭（伏見稲荷大社）
- 17日　夏観音供柴灯護摩火渡り（一言寺）
- 22~23日　六地蔵めぐり（大善寺）
- 23日　地蔵盆（町内各所）

9月

- 1日　交通安全祈願祭（伏見稲荷大社）
　八朔祭（長尾天満宮）
- 第1日曜　八朔祭とお千度（羽束師神社）
- 第3土曜　神能奉納（御香宮神社）
- 秋分の日　秋季彼岸法要（墨染寺など、各寺院）

10月

上旬～11月下旬の土曜・日曜・祝日　三十石船運航（寺田屋浜乗船場～三栖閘門往復）
上旬の土曜　花傘パレード（大手筋商店街）
上旬の日曜　神幸祭（御香宮神社）
中旬　炬火祭（三栖神社）
体育の日の前々日・前日　講員大祭（伏見稲荷大社）
第3日曜　城南祭（城南宮）
21日　醸造祭（伏見稲荷大社）
25日　抜穂祭（伏見稲荷大社）

11月

1日　御旗祭（長尾天満宮）
1～3日　淀祭（與杼神社）
3日　曲水の宴（城南宮）
5日　秋季大祭・火焚祭（藤森神社）
8日　火焚祭・御神楽（伏見稲荷大社）
15日　坂本龍馬命日（寺田屋）
20日　火焚祭（城南宮）
23日　お火焚祭（金札宮）
新嘗祭（伏見稲荷大社）
お十夜（源空寺など、各寺院）

12月

中卯　醸造初神事（御香宮神社）
初申の日　煤払祭（伏見稲荷大社）
※三申の年は二の申日
13日　荷田社例祭（伏見稲荷大社）
18日　しまい観音供（一言寺）
23日　天長祭（伏見稲荷大社）
31日　大祓・除夜祭（城南宮）
大祓式・除夜祭（伏見稲荷大社）
除夜祭（金札宮）
御禊大祓い（長尾天満宮）
除夜の鐘（醍醐寺・瑞光寺など、各寺院）

桃山・鳥羽・淀エリア詳細マップ

エリア詳細マップの見方

◇本書で紹介した場所を**赤字**で示しています。
また、掲載頁は索引頁を参照してください。

凡例

高速道路・有料道路　京都市道高速道路　国道　府県道・主要道　JR線　新幹線　京阪線　近鉄線　地下鉄東西線　地下鉄烏丸線　警察署・交番　消防署・分署　郵便局

醍醐エリア詳細マップ

醍醐エリア
勧修寺
名神高速道路
小野
勧修寺
勧修寺下ノ茶屋町
小野御霊町
隨心院
醍醐天皇後山科陵
旧奈良街道
醍醐上ノ山
独鈷水
北端山
明智塚
一言寺
朱雀天皇醍醐陵
赤間水
桜塚
中山団地
醍醐新町
西方寺
理性院
醍醐寺三宝院
醍醐寺
長尾天満宮
霊宝館
醍醐中央図書館
パセオ・ダイゴロー
頼政道跡
大岩山
西館
醍醐
東館
報恩院
五重塔
女人堂
小栗栖瓦窯跡
法琳寺跡石碑
西方寺
光台院
明智藪
小栗栖牛ヶ渕
醍醐高畑
醍醐和泉
下村家
杖の水
上醍醐へ
小栗栖
つぶれ坂
伏見区役所醍醐支所
醍醐
正覚寺
善願寺
子安地蔵
新奈良街道
地下鉄東西線
外環状線
小栗栖森本
一言寺
柏の杜遺跡
上醍醐エリア
醍醐山
石田
石田森東
天穂日命神社
苗塚
石田
石田の杜
平重衡の墓
醍醐寺
（上醍醐）
准胝堂
醍醐水
薬師堂
清瀧宮本殿
五大堂
清瀧宮拝殿
如意輪堂
上醍醐寺務所
開山堂
上醍醐陵
余熱利用センター
石田大山
醍醐図書館
日野
桃山西尾
欄川の橋
伊豫親王陵墓
六地蔵奈良町
日野誕生院
六地蔵
法界寺（日野薬師）
萱尾神社
大善寺
六地蔵
JR奈良線
六地蔵
六地蔵町並
京阪宇治線
六地蔵
六地蔵

深草エリア詳細マップ

深草エリア
京都駅
滋賀へ
東山区
東山通
夢の浮橋
瀧尾神社
宝樹寺
東福寺
京都第一赤十字病院
退耕庵
西郷山
即宗院
泉涌寺
塚本社址
通天橋
東福寺
伏見街道（本町通）
荘厳院（吉益東洞の墓）
最勝金剛院
正覚庵
長州兵墓地
田中神社
南明院
鳥羽街道
鴨川東I.C.
阿保親王塚
藤原俊成墓
荒木滝
極楽寺
権太夫滝
三ツ辻
眼力社
丹嘉（伏見人形）
荒神峰
御膳谷奉拝所
大橋家庭園（苔涼庭）
四ツ辻
薬力
稲荷山
剣石
伏見稲荷
稲荷大社
三ノ峰
伏見稲荷大社
間ノ峰
二ノ峰
一ノ峰
稲荷
東丸神社
千本鳥居
稲荷神宝神社
JR稲荷駅ランプ小屋
攝取院
稲荷奥社
弘法滝
府警察学校
府警察機動隊
ぬりこべ地蔵尊
深草墓園
石峰寺
末広滝
龍谷大学
深草
宝塔寺
七面宮
青木滝
一本松
伊良子一族の墓
師団街道竜大前
霊光寺
瑞光寺（元政庵）
京阪本線
伏見街道（直違橋通）
JR奈良線
道澄寺
深草聖天（嘉祥寺）
西浦町
師団街道
深草
古天王
真宗院（山脇東洋の墓）
谷塚
後深草天皇深草北陵
深草弥生遺跡碑
聖母女学院
名神高速道路
藤森
仁明天皇深草陵
浄蓮華院
青少年科学センター
京エコロジーセンター
国立病院前
伊達町
深草谷口町
直違橋
深草飯食町
伏見区役所深草支所
京都医療センター
城南宮北I.C.
竹田
伏見署
竹田出橋
社会保険事務所
竹田
安楽寿院
鳥羽天皇安楽寿院陵
近衛天皇安楽寿院南陵
北向山不動院
伏見稲荷大社御旅所
油小路東寺通
東寺
南図書館
九条
大石橋
九条河原町
東山橋
九条油小路
九条通
九条烏丸
宇賀神社
地下鉄烏丸線
烏丸通
竹田街道
札辻通
烏丸札ノ辻
十条
十条油小路
十条
十条通
十条烏丸
竹田街道十条
陶化橋
竹田街道久世橋通
勧進橋
阪神高速8号京都線
久世橋通烏丸
稲荷新道
久世橋通新町
近鉄京都線
油小路通
久世橋通
久世橋通油小路
上鳥羽I.C.
上鳥羽口
水鶏橋
竹田久保町
くいな橋
鴨川

伏見の鉄道路線図

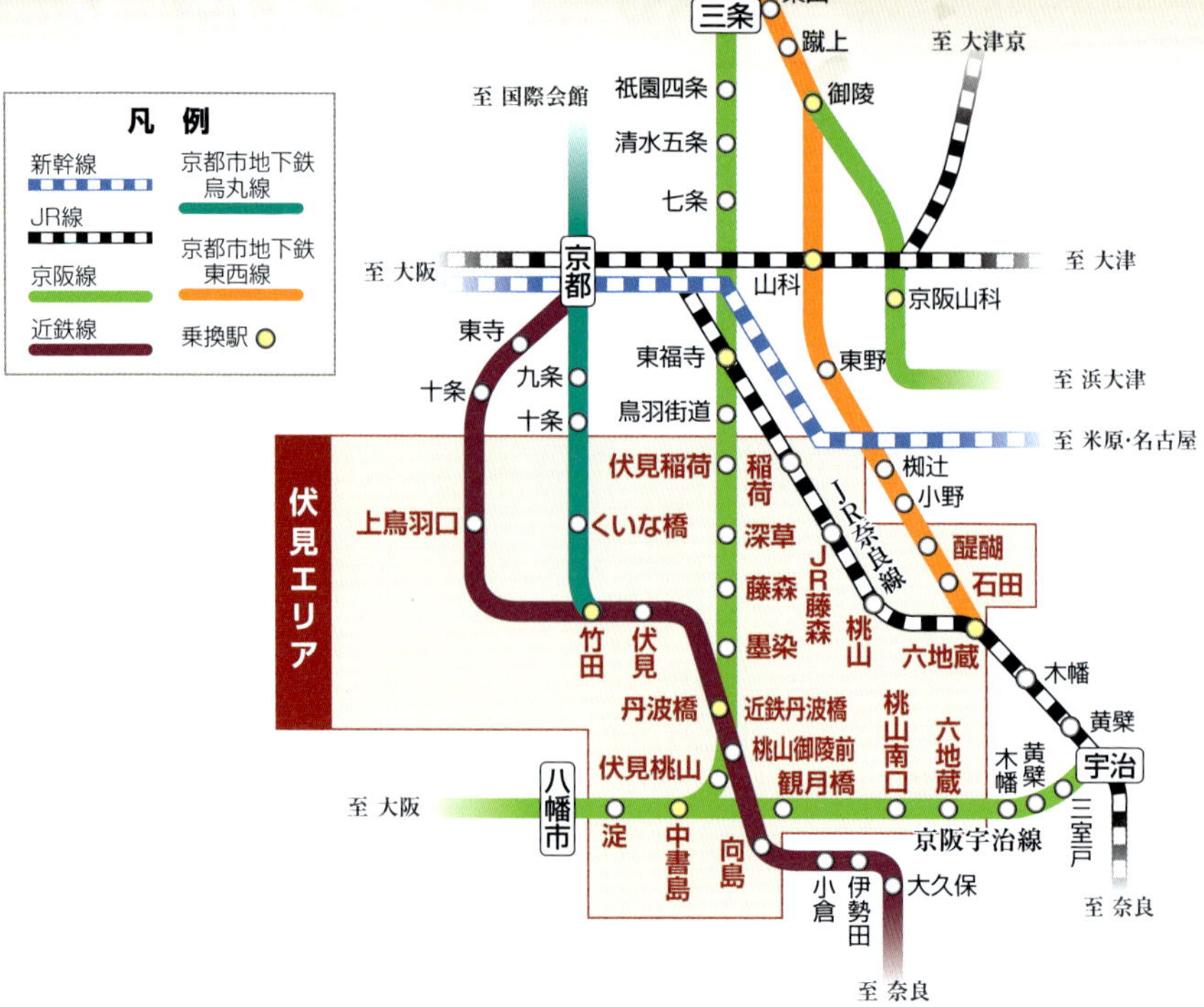

各エリアへの推奨の移動方法 ※移動時間はおおまかな目安です。

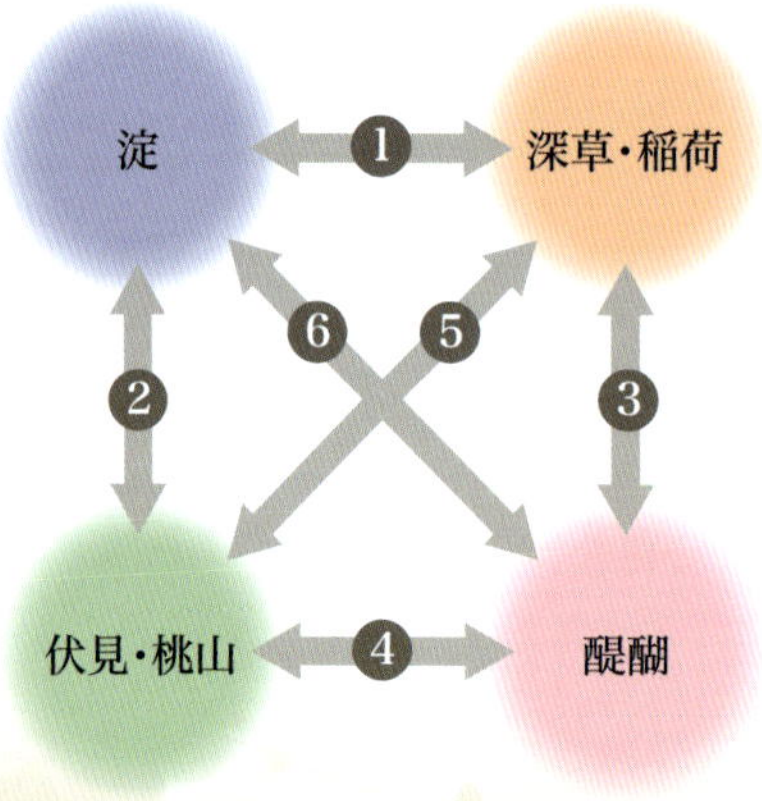

❶ 京阪本線(淀駅～伏見稲荷駅)18分

❷ 京阪本線(淀駅～中書島駅)5分

❸ 京阪本線(伏見稲荷駅～中書島駅)11分→
京阪宇治線(中書島駅～六地蔵駅)6分→
徒歩(京阪六地蔵駅～地下鉄東西線六地蔵駅)6分→
地下鉄東西線(六地蔵駅～醍醐駅)4分

❹ 京阪宇治線(中書島駅～六地蔵駅)6分→
徒歩(京阪六地蔵駅～地下鉄東西線六地蔵駅)6分→
地下鉄東西線(六地蔵駅～醍醐駅)4分

❺ 京阪本線(伏見稲荷駅～中書島駅)11分

❻ 京阪本線(淀駅～中書島駅)5分→
京阪宇治線(中書島駅～六地蔵駅)6分→
徒歩(京阪六地蔵駅～地下鉄東西線六地蔵駅)6分→
地下鉄東西線(六地蔵駅～醍醐駅)4分

御籏本諸大名御屋敷図
浅野弾正
山口駿河守
加藤肥後守
脇坂中務
浅野但馬守
浅野紀伊守
村上周防守
蜂須加阿波守
平野遠江守
町家

太閤・秀吉の城下町地図

タイムスリップ気分で伏見の市街地を歩いてみよう！

秀吉の時代と重ね合わせながら、
伏見桃山の市街地エリアをたどる時代マップ。
400年前と現在を行き来しながら、武将たちの面影を探してみませんか。

※地図の内容には諸説あります。
また、武将名を示すポイントは屋敷があった場所とは異なる場合があります。

❶〈毛利安芸守《もうりあきのかみ》〉毛利輝元《もうりてるもと》

中国地方の戦国覇者・毛利元就の孫。のちに豊臣家五大老の一人となり、関ヶ原の戦いでは豊臣軍の総大将として擁立されている。

❷〈蒲生飛騨守《がもうひだのかみ》〉蒲生氏郷《がもううじさと》

織田信長が娘を嫁がせるほどほれ込んだ文武両道の勇将。信長の死後は秀吉に従う。利休七哲のひとりで、歌人としても優れていた。

❸〈浅野弾正《あさのだんじょう》〉浅野長政《あさのながまさ》

秀吉の正室・北政所の義弟。行政手腕に長けたことで秀吉に重宝された。五奉行の一人。関ヶ原の戦いでは徳川軍に属した。

❹〈丹羽五郎左衛門尉《にわごろうさえもんのじょう》〉丹羽長秀《にわながひで》

柴田勝家と並ぶ織田信長譜代の家臣。のちに秀吉に従う。伏見城築城時には没しているので、地図中はその長男・長重か。

❺〈加藤肥後守《かとうひごのかみ》〉加藤清正《かとうきよまさ》

早くから秀吉に仕え、賤ケ岳《しずがたけ》の戦いで戦功をあげて七本槍の一人に数えられるほか、朝鮮出兵での奮戦ぶりは有名。

❻〈蜂須加阿波守《はちすかあわのかみ》〉蜂須賀正勝《はちすかまさかつ》

「小六」の名で知られる秀吉古参の家臣。桶狭間の戦い、越前朝倉攻めなどで活躍し、和平工作を任されるなど外交術にも長けていた。

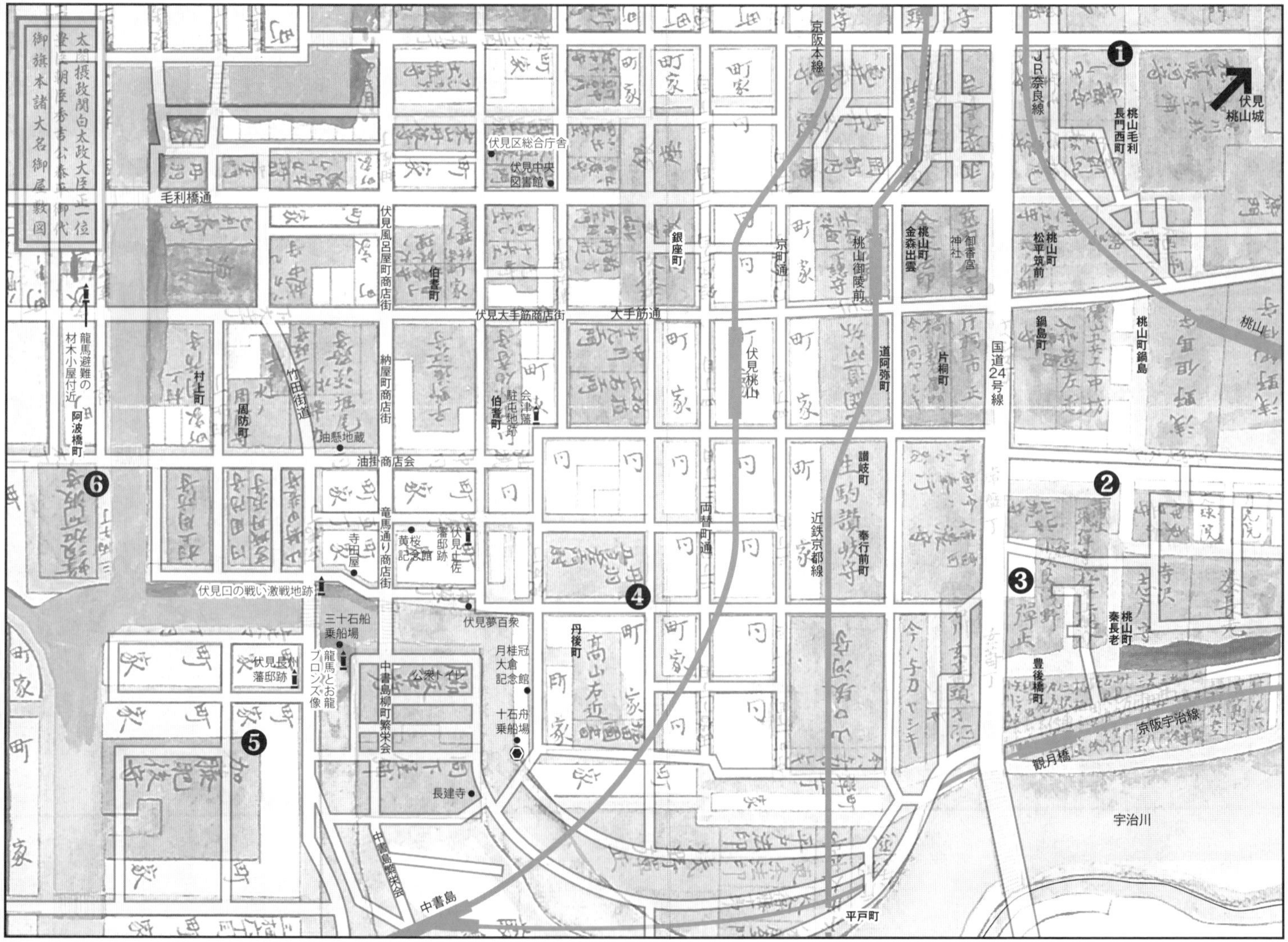

〈原版〉伏見桃山御殿御城ノ画図（御香宮神社蔵）

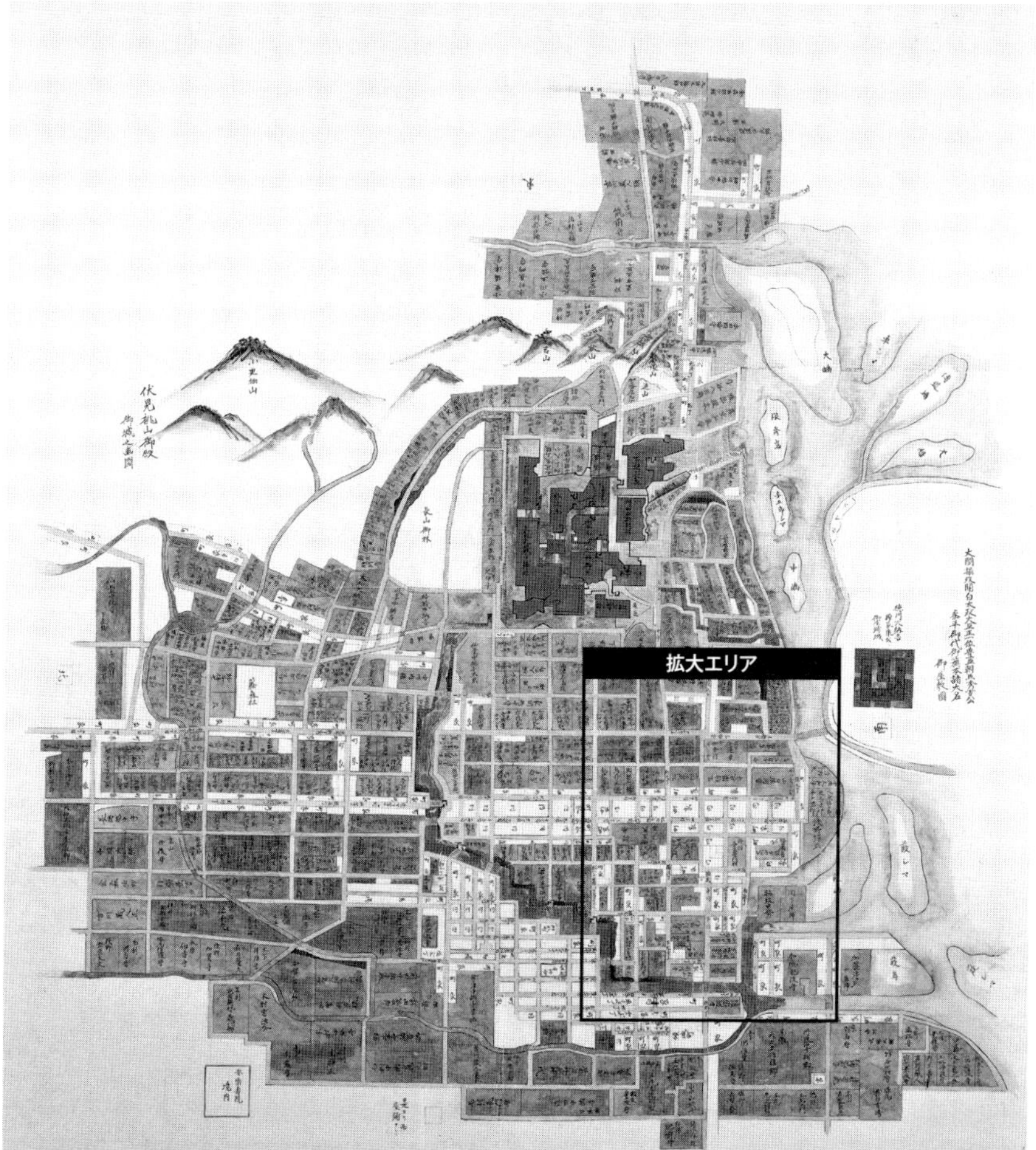

豊臣秀吉が治世した頃の伏見城下町古地図。後年、書き起こされたものではありますが、伏見城の威容を見て取ることができるほか、向島の徳川家康の屋敷をはじめ、城下には奥州伊達家、薩摩島津家、加賀前田家など、全国の大名の伏見屋敷が集まっている様子が描かれています。

伏見の学べるスポット

京セラ美術館

中国・清王朝時代のガラス製品「乾隆《けんりゅう》ガラス」やピカソの銅版画「347のシリーズ」のほか、近現代の美術・工芸作品を中心に収蔵。随時入れ替えをしながら常設展示され、地元京都や伏見などをテーマにした企画展も開催。2階は「京セラファインセラミックス館」。

伏見区竹田鳥羽殿町6　京セラ本社ビル1F
☎075-604-3500（大代表）
時／10:00〜17:00
休／土・日・祝・京セラ本社の休業日・展示替期間
料／無料　HP／あり
交／地下鉄烏丸線・近鉄「竹田駅」より徒歩15分

京都教育大学 まなびの森ミュージアム

旧陸軍第十九旅団司令部を改装した施設。明治9年(1876)に京都府師範学校として創立以来の教材などを、研究や教育に役立てるため開館。理化学実験器具や標本、古代エジプトのミイラの一部、絵画、歴史文書、考古品など、約3000種を所蔵。

伏見区深草藤森町1　京都教育大学内
☎075-644-8175または8840
時／月・水・金の13:30〜17:00
休／火・木・土・日・祝および夏季休業日、創立記念日6月1日、年末年始
※企画展期間中の日曜は開館
料／無料　HP／あり
交／JR奈良線「藤森駅」より徒歩3分、京阪「墨染駅」より徒歩7分

三栖閘門資料館

水位の異なる河川や運河を結ぶ閘門《こうもん》は「船のエレベーター」ともいえる施設。淀川へとつながる宇治川と、伏見港のある濠川《ほりかわ》とを結ぶ三栖閘門は昭和4年(1929)に完成したもので、資料館はその歴史と役割、淀川水運の歩みを知ることができる。

伏見区葭島金井戸町
☎075-605-5478
時／9:00〜16:30
休／月曜（祝日の場合は開館）
料／無料　HP／あり
交／京阪「中書島駅」より徒歩10分

京都市青少年科学センター

100点を超える体験型の展示品が並ぶ。実際に物に触れて、理科・科学を感覚的に理解し、飽きることなく楽しめる。

伏見区深草池ノ内町13　☎075-642-1601
時／9:00〜17:00（入館は16:30まで）
休／木曜（祝日の場合は翌平日）・年末年始
※ただし、春・夏・冬休みの木曜は開館
料／大人510円、中高生200円、小学生100円　HP／あり
交／京阪「藤森駅」より徒歩5分

京《みやこ》エコロジーセンター（京都市環境保全活動センター）

環境にやさしい活動の輪を広げる拠点施設。体験型で学べる展示のほか、図書コーナー、施設貸出もあり。

伏見区深草池ノ内町13　☎075-641-0911
時／9:00〜21:00　※展示は17:00まで
休／木曜（祝日の場合は翌平日）・年末年始
料／入館無料　※施設貸出等は有料　HP／あり
交／京阪「藤森駅」より徒歩5分

京都橘中学校・高等学校資料館

学園の歴史資料とあわせて、桃山丘陵から発掘された金箔瓦や天目茶碗、伏見城図面などを展示。

伏見区桃山町伊賀50　☎075-623-0066
時／9:00〜16:30
休／土日祝および学校休業日
料／無料　※できるだけ事前予約を。 HP／あり
交／京阪宇治線「桃山南口駅」より徒歩5分

醍醐寺霊宝館

創建以来伝えられてきた貴重な仏像、絵画など、10万点以上の宝物の中から随時展示公開。

伏見区醍醐東大路町22　☎075-571-0002
時／3月〜12月第1日曜までは9:00〜17:00（入館は16:30まで）
12月第1日曜の翌日〜2月末日までは9:00〜16:00（入館は15:30まで）
休／展覧会開催期間以外は休館（会期中は無休）
料／大人600円・中高生300円・小学生以下無料　HP／あり
交／地下鉄東西線「醍醐駅」より徒歩15分

乃木神社資料館

乃木希典《まれすけ》大将直筆の書をはじめ、本人や静子夫人が日常的に使用した品々のほか、同時代の雑誌、写真など、数百点を展示。

伏見区桃山町板倉周防32-2　☎075-601-5472
時／9:00〜17:00
休／年中無休
料／中学生以上100円・小学生50円　HP／あり
交／JR奈良線「桃山駅」より徒歩10分

藤森神社宝物館

神社に伝わる社宝と歴史や文化に関する資料を展示。鎧《よろい》や刀剣、弓など武具類を中心に収蔵する「馬の博物館」も併設。

伏見区深草鳥居崎町609　☎075-641-1045
時／9:00〜16:00
休／5月1日〜5日、その他神社の祭礼時は休館の場合あり
料／志納　HP／あり
交／JR奈良線「藤森駅」より徒歩5分

伏見城跡出土遺物展示室

御香宮神社の一角に設けられ、城跡から出土した考古遺物を展示。家紋入りの金箔瓦や鯱鉾《しゃちほこ》の断片などが並ぶ。

伏見区御香宮門前町174　御香宮神社内　☎075-611-0559
時／9:00〜16:00
休／神社の諸行事時
料／無料　HP／あり
交／京阪「伏見桃山駅」、近鉄「桃山御陵前駅」より徒歩4分

伏見の歴史年表

時代	年号	西暦	伏見の歴史〈〉内は月・日	主な日本の歴史
縄文時代			稲荷山や大岩山の丘陵で狩猟生活が始まる。	縄文式土器を用いる。
			縄文時代後期には上鳥羽鴨田一帯に集落ができる。	
弥生時代			弥生時代中期に深草西浦町一帯に農耕村落が生まれる（深草遺跡）。	水田耕作が始まる。
大和時代	応神天皇			大和朝廷の全国統一が進む。
	雄略天皇		俯見《ふしみ》から朝廷へ贄土師部《にえのはじべ》（朝廷用の土器を作る陶工）を貢進する。	
	欽明天皇		深草里に朝廷の直轄地・屯倉《みやけ》が設定される。この頃、秦氏が伏見を拠点とする。	
飛鳥時代				五九三年　聖徳太子、推古天皇の摂政となる。
	天武天皇三年	六七四年	鳥羽の一念寺が道昭《どうしょう》によって開かれる。	
奈良時代	和同四年	七一一年	秦伊呂具《はたのいろぐ》が稲荷神社を創建する。	七一〇年　平城京遷都。
平安時代	大同一年	八〇六年	桓武天皇陵を宇多野から伏見松原山へ移す。	七九四年　平安京遷都。
	貞観四年	八六二年	御香宮が清和天皇よりその名を賜る。	
	十六年	八七四年	聖宝理源大師《しょうぼうりげんだいし》が上醍醐に寺を創建する。	
	天暦六年	九五二年	醍醐寺の五重塔が完成。	九三五年　平将門の乱。
	永承六年	一〇五一年	法界寺の創建。	
	延久年間	一〇六九～七四年	橘俊綱《たちばなのとしつな》が伏見の地に山荘を営む。和歌などに「伏見」の語が現れる。	

時代	和暦	西暦	事項
	寛治一年	一〇八七年	〈二・五〉白河上皇、鳥羽離宮に移る。
	嘉保一年	一〇九四年	〈七・十四〉橘俊綱没。伏見山荘を弟の家綱が伝領し、白河上皇に献上する。
	康和四年	一一〇二年	〈九・二十〉鳥羽城南祭が初めて挙行される。
	文治二年	一一八六年	〈一・二十九〉後白河院、新造伏見殿御所に移る。
鎌倉時代	承久三年	一二二一年	〈六・十二〉北条泰時、宇治川を渡って伏見を攻める。
	建長三年	一二五一年	〈二・二十〉伏見山荘、後嵯峨院の所領となり以後、伏見山荘は持明院統に属す。
南北朝時代	貞治二年	一三六三年	〈四・八〉光厳院《こうごん》、伏見山荘を大光明寺領として崇光院《すうこういん》の別相伝とする。のちに崇光院が栄仁《よしひと》親王に譲り、代々の相伝となる（伏見宮家の出現）。
室町時代	応永二十三年	一四一六年	〈一〉貞成《さだふさ》親王、『看聞御記』の執筆開始（一四四八年まで続く）。
	天文三年	一五三四年	足利義晴、伏見山に築城する。
安土桃山時代	文禄一年	一五九二年	〈八・二十〉豊臣秀吉、伏見に新邸造営を始める。
	三年	一五九四年	〈一・三〉伏見築城開始。全国から延べ二五〇、〇〇〇万人が動員される。 〈八・一〉秀吉、伏見城に入る。 この年、伏見城下造成のため、予定地域の社寺・村落を移転。
	四年	一五九五年	〈四〉秀吉、諸国の桜樹を徴し、向島に植える。 〈六・八〉秀吉、伏見城で能を催し、庶民の見物を許す。
	慶長一年	一五九六年	〈閏七・十三〉鳥羽・伏見を震源地として大地震が起こる。これにより伏見城倒壊。

西暦	一般事項
一〇八六年	白河上皇、院庁で政務を行う。
一一五六年	保元の乱。
一一五九年	平治の乱。
一一九二年	源頼朝、征夷大将軍となる（鎌倉幕府）。
一三三四年	後醍醐天皇、建武の新政を行う。
一三三八年	足利尊氏、征夷大将軍となる（室町幕府）。
一四六七年	応仁の乱。
一五四三年	鉄砲伝来。
一五八二年	本能寺の変。
一五八六年	羽柴秀吉、太政大臣となり、豊臣姓を名乗る。
一五九二年	文禄の役。朱印船制度始まる。

時代	年号	西暦	伏見の歴史　〈　〉内は月・日	主な日本の歴史
	慶長二年	一五九七年	〈五〉木幡山に伏見城天守閣完成。	一五九七年　慶長の役。
	三年	一五九八年	〈三・十五〉秀吉、醍醐の花見を盛大に行う。この時、醍醐寺三宝院の書院が完成。 〈八・十八〉秀吉、伏見城で没す。以後、五奉行が交替して守る。	
	四年	一五九九年	〈三〉徳川家康、上屋敷より向島城に入る。 〈閏三・十三〉家康、向島城より伏見城本丸に入る。	
	五年	一六〇〇年	〈八・一〉石田三成の西軍、伏見城を攻め落とす。	一六〇〇年　関ヶ原の戦い。
	六年	一六〇一年	〈三〉伏見城の復旧工事が始まる。 〈五〉伏見に初めて銀座が設置される。 この年、家康、伏見学校を創設する。	
江戸時代	八年	一六〇三年	〈二・十二〉家康、伏見城で将軍宣下を受ける（江戸幕府）。 〈十・二〉幕府、河村・木村両氏に淀川の過書船を管轄させる。	
	九年	一六〇四年	〈八・二十〉家康、伏見で市民の踊りを見る。 〈十二〉家康が駿府築城に着手。伏見城の器材が多く移される。 幕府、伏見撞木《しゅもく》町に傾城町の復興を許可する。	
	十年	一六〇五年	〈八・十〉幕府、伏見の城中制法を下す。	
	十八年	一六一三年	幕府、角倉了以に京都二条から伏見までの高瀬川開削を行わせる。	一六一四年　大坂冬の陣。
			この頃から伏見で土偶人形が作られる（伏見人形の原型か）。	一六一五年　大坂夏の陣。
	元和九年	一六二三年	〈七・十六〉徳川家光、伏見城で将軍宣下を受ける。 小堀政一（遠州）、伏見の奉行に任じられる。	
	寛永一年	一六二四年	〈十〉二条城の整備に伴い、徐々に行われていた伏見城の撤去がほぼ完了する（伏見城消滅）。	一六三七年　島原の乱。
	寛文七年	一六六七年	元政《げんせい》上人、深草の瑞光寺において没す。	一六三九年頃、鎖国が完成。

	延宝二年	一六七四年	〈三・十三〉妙法院宮尭恕法親王《ぎょうじょほっしんのう》、伏見に桃の花を見物する（この頃より伏見の里は桃の名所として聞こえる）。	
	貞享二年	一六八五年	松尾芭蕉、伏見西岸寺を訪れ、任口《にんこう》上人と歓談する。	
	元禄十二年	一六九九年	建部内匠頭《たけべたくみのかみ》により中書島が拓かれる。	
	明和年間	一七六四～七二年	この頃、伏見の人口二七、四五〇人となる。	一七一六年　徳川吉宗、八代将軍となる（享保の改革）。
	安永五年	一七七六年	『伏見鑑』上下巻が刊行される。	
	八年	一七七九年	欣浄寺《ごんじょうじ》の伏見大仏完成。	
	天明五年	一七八五年	〈九〉伏見町民の文殊《もんじゅ》鍛冶《かじ》・九助《くすけ》など、伏見奉行・小堀政方《まさかた》の暴政を幕府に訴える（伏見義民騒動）。	一七八七年　松平定信、老中となる（寛政の改革）。
	天保年間	一八三〇～四四年	伏見の人口が四〇、九八〇人となる。	一八四一年　水野忠邦、老中首席となる（天保の改革）。
	文久二年	一八六二年	〈四・二十三〉寺田屋事件が起こる。	一八五三年　ペリー来航。
	元治一年	一八六四年	〈六・十七〉長州藩老臣・福原越後、兵三〇〇人を率いて伏見に入る。翌月、禁門の変が勃発。	一八六一年　皇女和宮降嫁。
	慶応二年	一八六六年	〈一・二十三〉坂本龍馬、寺田屋宿泊中、幕府捕吏に襲われる。	
	三年	一八六七年	〈六・二十四〉伏見奉行が廃止され、京都町奉行が伏見を支配する。 〈十二〉伏見に市中取締が設置される。	一八六七年　大政奉還。
明治時代	明治一年	一八六八年	〈一・三〉鳥羽伏見付近で幕府軍と薩長軍が戦う（鳥羽伏見の戦い、戊辰戦争始まる）。	一八六九年　版籍奉還、東京遷都。
	十二年	一八七九年	〈四・十一〉伏見区役所設置。 〈十二・二十六〉伏見町組の再編成が行われ、従来の町組が十六の番組に改編。	
	十四年	一八八一年	〈一・十四〉伏見区が廃止され、紀伊郡に併合。	
	二十二年	一八八九年	〈四・十九〉市町村制の実施により伏見町が成立。	一八八九年　大日本帝国憲法発布。
	二十七年	一八九四年	琵琶湖疏水が伏見まで貫流する（墨染インクライン）。	

時代	年号	西暦	伏見の歴史〈 〉内は月・日	主な日本の歴史
	明治二十八年	一八九五年	〈二・一〉京都電鉄の京都―伏見間が開通（日本初の市電）。	一八九四〜九五年　日清戦争。
			〈九・五〉奈良鉄道（現・JR）京都―伏見間開通。	
	二十九年	一八九六年	〈四〉陸軍第四師団第三十八連隊が深草村に駐営する。	
			この年、宇治川、淀川筋に洪水が起こり、伏見一帯が大被害を受ける。	
	三十年	一八九七年	伏見市制施行期成同盟が誕生する。	
	四十一年	一九〇八年	第十六師団が伏見に移駐する。	一九〇四〜〇五年　日露戦争。
	四十三年	一九一〇年	〈四・十五〉京阪電鉄五条―天満橋間が開通する。	
	四十四年	一九一一年	三栖に火力発電所ができ、電灯が伏見に普及する。	
大正時代	大正一年	一九一二年	〈九・十四〉明治天皇の御大葬が桃山で行われる。	一九一二年　明治天皇崩御。
	二年	一九一三年	〈六・一〉京阪電鉄中書島―宇治間が開通する。	
			〈六・二十六〉伏見水力発電所が竣工。	一九一四〜一八年　第一次世界大戦。
	五年	一九一六年	乃木神社創建。	
	六年	一九一七年	伏見大洪水のため三栖の閘門の建設が計画される。	
	九年	一九二〇年	宇治川の大氾濫により伏見全町が浸水する。	
	十年	一九二一年	〈三・九〉伏見町市政実現期成同盟が結成される。	一九二三年　関東大震災。
昭和時代	昭和三年	一九二八年	〈十一・十五〉奈良電鉄の京都―桃山御陵前間が開通して全線が開通。	一九二六年　大正天皇崩御。
	四年	一九二九年	〈五・一〉伏見町が伏見市に昇格する。	
	六年	一九三一年	〈三〉伏見市、条件つきで京都市との合併を決定。	一九三一〜三二年　満州事変。
			〈四・一〉伏見区が誕生する。	
	九年	一九三四年	〈九・一〉室戸台風による大洪水が伏見一帯で起こる。	一九三七年　日中戦争が勃発。
	二十年	一九四五年	〈九・二十五〉終戦を受け、伏見深草へ米軍進駐。	一九三九〜四五年　第二次世界大戦。
	三十八年	一九六三年	〈十・一〉近鉄、奈良電鉄を合併。	一九六四年　東京オリンピック。
	四十五年	一九七〇年	〈三・三十一〉京都市電の中書島・稲荷線が廃止。	

時代	和暦	西暦	事項
平成時代	昭和五十五年	一九八〇年	右京区と西京区の分区により、伏見区が市内最多人口となる（人口二五七、一五六人）。
	六十三年	一九八八年	〈六・十一〉京都市営地下鉄、京都―竹田間が開通。
	平成四年	一九九二年	〈十〉ＪＲ奈良線「六地蔵駅」開業。
	六年	一九九四年	〈七〉伏見開港四〇〇年祭開催。十石舟のシーズン運航スタート。〈十二・十七〉醍醐寺、ユネスコ世界文化遺産に登録。
	八年	一九九六年	納屋町商店街に日本初のギャラリーアーケード完成。
	九年	一九九七年	〈三〉ＪＲ奈良線「ＪＲ藤森駅」開業。〈三・六〉伏見南浜界隈が「京都市重要界わい景観整備地域」に指定。〈四〉大手筋商店街に日本初のソーラーアーケード完成。〈十・十二〉京都市営地下鉄東西線、二条―醍醐間が開通。
	十五年	二〇〇三年	〈三〉三栖閘門・伏見みなと広場整備。第三回世界水フォーラムが伏見港で開催。
	十六年	二〇〇四年	〈十一〉京都市営地下鉄東西線、醍醐―六地蔵間が開通。
	二十年	二〇〇八年	〈一〉伏見観光連携協議会発足。
	二十六年	二〇一四年	伏見稲荷大社が「外国人に人気の日本の観光スポット」第一位となる。翌二〇一五年も受賞（トリップアドバイザー調べ）。

西暦	出来事
一九八二年	ホテルニュージャパン火災。日航機羽田沖墜落事故。
一九八九年	昭和天皇崩御。
一九九五年	阪神・淡路大震災。地下鉄サリン事件。
一九九八年	長野冬季オリンピック。
一九九九年	ＥＵの統一通貨としてユーロ導入。
二〇〇一年	アメリカ同時多発テロ。
二〇〇四年	新潟県中越地震。
二〇一一年	東日本大震災。

【後深草天皇深草北陵】
伏見区深草坊町　時·料／境内自由
交／京阪「藤森駅」より徒歩10分

【深草聖天（嘉祥寺）】
伏見区深草坊町　☎075-641-4102
時·料／境内自由
交／京阪「藤森駅」より徒歩10分

【東丸神社】
伏見区深草藪之内町36　☎075-641-4693
交／ＪＲ奈良線「稲荷駅」よりすぐ

【ぬりこべ地蔵尊】
伏見区深草石峰寺山町
交／ＪＲ奈良線「稲荷駅」より徒歩5分

【田中神社】
東山区本町　時·料／境内自由
交／京阪「鳥羽街道駅」よりすぐ

【近衛天皇安樂壽院南陵】
伏見区竹田浄菩提院町
時·料／境内自由
交／地下鉄烏丸線·近鉄「竹田」より徒歩5分

【鳥羽天皇安樂壽院陵】
伏見区竹田浄菩提院町
時·料／境内自由
交／地下鉄烏丸線·近鉄「竹田」より徒歩5分

【北向山不動院】
伏見区竹田浄菩提院町61　☎075-601-4588
時·料／境内自由（御祈祷·法印受付は8:00～17:00）
※本堂内の参拝は毎月3·16·28日
交／地下鉄烏丸線·近鉄「竹田」より徒歩8分

【白河天皇浄菩提院陵】
伏見区竹田浄菩提院町
時·料／境内自由
交／地下鉄烏丸線·近鉄「竹田」より徒歩8分

【鳥羽の大石】
伏見区下鳥羽南三町付近
交／京阪「中書島駅」より市バス「横大路」下車
　徒歩5分

【一念寺】
伏見区下鳥羽南三町45　☎075-611-3434
時·料／境内自由
交／京阪「中書島駅」より市バス「横大路」下車
　徒歩5分

【善願寺】
伏見区醍醐南里町33　☎075-571-0036
時／要連絡　料／500円
交／地下鉄東西線「醍醐駅」より徒歩15分、
　JR「山科駅」・京阪宇治線「六地蔵駅」より京阪バス
　「醍醐和泉町」下車徒歩3分

【栢の社遺跡】
伏見区醍醐柏森町
交／地下鉄東西線「醍醐駅」より徒歩20分、
　JR「山科駅」・京阪宇治線「六地蔵駅」より京阪バス
　「一言寺」下車徒歩10分

【平重衡の墓】
伏見区醍醐外山街道町
交／地下鉄東西線「石田駅」より徒歩20分、
　JR「山科駅」・京阪宇治線「六地蔵駅」より京阪バス
　「合場川」下車徒歩12分

【萱尾神社】
伏見区日野畑出町３
☎075-571-0074（長尾天満宮）
時·料／境内自由
交／地下鉄東西線「石田駅」より徒歩20分

【唐人雁木跡】
伏見区納所町納所交差点付近
交／京阪「淀駅」より徒歩3分

【淀小橋跡】
伏見区納所町
交／京阪「淀駅」より徒歩3分

【愛宕茶屋跡·戊辰戦争東軍戦死者の墓】
伏見区納所町（桂川堤防そば）
交／京阪「淀駅」より徒歩20分

【京都競馬場】
伏見区葭島渡場島町32　☎075-631-3131
時／9:00～17:00（競馬開催日）　料／200円
交／京阪「淀駅」から徒歩2分

【三栖神社】
伏見区横大路下三栖城ノ前町83
☎075-603-0085
時·料／境内自由
交／京阪「中書島駅」より市バス「下三栖」下車
　徒歩2分
※左義長·炬火祭は金井戸神社（三栖神社御旅所）で行われます。
御旅所＝交／京阪「中書島」より徒歩10分

伏見観光のお問い合わせ先

より充実した伏見の旅を楽しむなら、事前に情報をぜひチェックしてみてください。

公益社団法人 京都市観光協会
☎075-752-7070
http://www.kyokanko.or.jp/

京都観光オフィシャルサイト 京都観光Navi
http://kanko.city.kyoto.lg.jp/

京都市伏見区役所
観光情報システム「おこしやす伏見」
http://kanko.city.kyoto.lg.jp/area/gyouseiku/fushimi_index.html

醍醐観光協会
☎075-571-0002
https://sites.google.com/site/daigokanko/

NPO法人 伏見観光協会
☎075-622-8758
http://kyoto-fushimi-kanko.jp/
※ジュニア河川レンジャー（お問い合わせ先）

伏見観光協会案内所（伏見夢百衆）
☎075-623-1360
時／10:30〜17:00（土·日·祝は10:30〜18:00）
休／月曜（祝日·4、5、10、11月を除く）
交／京阪「伏見桃山駅」、近鉄「桃山御陵前駅」より徒歩5分

主な参考文献

伏見くれたけの里／山本眞嗣著 株式会社京都経済研究所
京都伏見歴史紀行／山本眞嗣著 山川出版社
伏見の歴史と文化 京·伏見学叢書／聖母女学院短期大学伏見学研究会編 清文堂出版
伏見学ことはじめ／聖母女学院短期大学 伏見学研究会編 思文閣出版
史料京都の歴史 伏見区／京都市編 平凡社
図説 京都府の歴史／森谷剋久特別監修 河出書房新社
日本の古代遺跡 京都Ⅰ 保育社
京都の歴史を足元からさぐる[洛東の巻]／森浩一著 学生社
巨椋池 宇治市歴史資料館編／宇治市教育委員会
日本の古社 伏見稲荷大社／三好和義·岡野弘彦ほか著 淡交社
新撰 京の魅力 秀吉の京をゆく／津田三郎著 淡交社
新撰 京の魅力 歴史の京 洛南を歩く／高野澄著 淡交社
京都幕末維新をゆく／木村幸比古著 淡交社
日本の美術 洛中洛外図／辻惟雄編 至文堂
京都名所むかし案内／本渡章著 創元社
京都はじまり物語／森谷剋久著 東京堂出版
京都洛東·洛南散歩24コース／京都史跡学会編 山川出版社　ほか

写真提供（順不同·敬称略）

藤森神社　城南宮　醍醐寺　御香宮神社　西教寺　豊国神社
高台寺　福山城博物館　京セラ美術館　京都教育大学
平安京探偵団（図案資料提供）　松田須英子
※その他、所蔵品写真の提供については各画像掲載ページに記載しています。

情報掲載先のアクセス案内

ここに記載している場所およびアクセスは、「ぶらり歩き」「伏見歳時記」の頁でご紹介しています。（順不同）

【伏見奉行所跡】
伏見区西奉行町（桃山団地内）
交／京阪「伏見桃山駅」·近鉄「桃山御陵前駅」より徒歩5分

【料亭　魚三楼】
（鳥羽伏見の戦いの弾痕が表格子に残る）
京都市伏見区京町3丁目187
☎075-601-0061　HP／あり
時／11:30〜15:00、17:00〜22:00
交／京阪「伏見桃山駅」より徒歩1分、近鉄「桃山御陵前駅」より徒歩2分

【銀座発祥の地】
伏見区銀座町
交／京阪「伏見桃山駅」より徒歩1分、近鉄「桃山御陵前駅」より徒歩2分

【四ツ辻の四ツ当たり】
伏見区大阪町
交／京阪「伏見桃山駅」より徒歩5分、近鉄「桃山御陵前駅」より徒歩6分

【白菊水】
伏見区上油掛町（鳥せゐ横）　時·料／水汲み自由
交／京阪「伏見桃山駅」より徒歩5分、近鉄「桃山御陵前駅」より徒歩6分

【伏見松林院陵】
伏見区丹後町　時·料／境内自由
交／京阪「伏見桃山駅」より徒歩6分、近鉄「桃山御陵前駅」より徒歩7分

【寺田屋】
伏見区南浜町263
時／10:00〜15:40　料／400円
休／月曜不定休　交／京阪「中書島駅」より徒歩5分

【市電発祥の地】
伏見区下油掛町169
交／京阪「中書島駅」より徒歩6分

【墨染インクライン跡】
伏見区桃山町丹下
交／京阪「墨染駅」より徒歩10分

【仁明天皇深草陵】
伏見区深草東伊達町　時·料／境内自由
交／京阪「藤森駅」より徒歩10分

おわりに

伏見の人たちと話をしていると「この町はつかみどころがない」という言葉を耳にすることがよくあります。伏見稲荷大社の千本鳥居や酒蔵の町並みといったビジュアルイメージは広く知られるところであり、お稲荷さんに至っては「外国人に人気の日本の観光スポット」第一位にも選ばれたこともあって、「つかみは十分じゃないか」と思われるかもしれません。しかし、それは遠くから眺めている時のこと。いざ距離を詰めてみると、京都人独特のすました顔があるかと思えば、ざっくばらんに開け放した気安さもあり、先人の残した伝統を格式高く守っているかと思えば、新しいものを探して汗をかきかき町中を駆けずりまわる。広い町ですから、いろんな性格の人がいて当然ですが、そのいろんな性格が一人の人、一つのもの、一つの組織に同居していることが多々あるのです。

この気質は一体どこから生まれたのか。ヒントは「港」にあるような気がします。あらゆるものを受け入れ、けれども目利きでなければ生き残れない。生き馬の目を抜くようなライバル争いをしていても、敵や時代の波に相対しては懐を見せ合って結束する——。港町を生き抜いてきた人々のＤＮＡが、つかみどころがないともいえる伏見の町を形成していったのではないでしょうか。

私たちが制作する『ＴＨＥ 伏見』は、そんな伏見の人たちに参加してもらい、長年発行を続けてきたタウン誌です。不思議なことに編集長をはじめとして代々のスタッフにネイティブの伏見人はほとんどいたことがなく、伏見のことをもっと知りたい、教えてほしい、という気持ちで誌面を作ってきたように思います。「よその人」をほおっておけない伏見人気質に支えていただくことで続けてこれたのは確かであり、一見するだけではわかりづらい伏見の深い魅力を伝えていくことは、私たちの使命だと感じています。

秀吉はなぜ伏見に城を造ったのか。平安時代の絶対王者・白河院の離宮はなぜ鳥羽だったのか。なぜ龍馬は伏見を拠点にしていたのか。港町というキーワードを知れば、あっけないほどにわかる謎ですが、伏見が港の機能を失って半世紀、巨椋池が姿を消して八十年近い時間が流れる中で、鍵は歴史の中に埋もれ、伏見の本当の魅力は見えにくくなってしまっています。それを改めてみなさまの前に掘り起こし、紹介できる機会を、創刊から三十周年という節目の年にいただけたことは、私たちにとってこのうえもない喜びです。また、今回は歴史という視点に特化して伏見をご紹介しましたが、ここで紹介した以外にも歴史には諸説があるほか、まだまだ紹介しきれていない名所も多数あります。また、この町は酒処だけにおいしいもの、人の集う場が数えきれないほどあり、商店街の活気も京都随一です。そんな町のリアルな息遣いを、機会があればぜひまたお伝えできればと考えています。

最後になりましたが、書籍出版のきっかけをいただき、各方面へお話を通してくださった松田桃香園の松田須英子様、松田様とともにこの企画を後押ししてくださり、遅々として進まない作業を見守ってくださった淡交社の河村尚子様に改めて御礼を申し上げます。

今回、巻頭にご寄稿いただき、いつも編集部のよきアドバイザーとなってくださる御香宮神社・三木善則宮司には心より感謝申し上げます。

本書制作にあたって方向性に迷う私たちに指南くださり、編集部にとって長年のバイブルともいえる『京都伏見歴史紀行』『伏見くれたけの里』の著者である山本眞嗣先生。先生が御著書の中に書かれた「伏見は不死身である」という一文に励まされ、これからも伏見の町とともに歩んでいきたいと思っております。誠にありがとうございました。

この本をお手にとってくださったみなさまにとって、伏見の町を楽しんでいただく一助になれば幸いです。

平成二十七年九月　『THE伏見』編集部

『THE 伏見』バックナンバー

醍醐寺《だいごじ》…… 34·36～40·100
醍醐寺三宝院《だいごじさんぼういん》…… 38
醍醐寺霊宝館《だいごじれいほうかん》…… 119
醍醐天皇《だいごてんのう》…… 34
醍醐《だいご》の花見《はなみ》…… 36～38
平《たいらの》　重衡《しげひら》の墓《はか》…… 100·126
苔涼庭《たいりょうてい》…… 23
高瀬川《たかせがわ》…… 64～66·
橘《たちばなの》　俊綱《としつな》(俊綱)…… 28·(29)·30
田中神社《たなかじんじゃ》…… 96·126
丹嘉《たんか》…… 24
長建寺《ちょうけんじ》…… 74·94
チンチン電車《でんしゃ》…… 75·84
寺田屋《てらだや》…… 78·94·127
寺田屋浜《てらだやはま》…… 45·78·90
寺本甚兵衛製瓦《てらもとじんべえせいかわら》…… 24
東軍戦死者《とうぐんせんししゃ》…… 90·91·102·126
道元《どうげん》…… 22
唐人雁木跡《とうじんがんぎあと》…… 102·126
徳川家康《とくがわいえやす》(家康)…… 24·43·44·(46)·(54～56)·62·63·(64)·(75)·117
鳥羽天皇安樂壽院陵《とばてんのうあんらくじゅいんのみささぎ》…… 30·31·98·126
鳥羽《とば》の大石《おおいし》…… 98·126
鳥羽《とば》の大仏《だいぶつ》…… 98·126
鳥羽《とば》の作道《つくりみち》…… 26·30
鳥羽伏見《とばふしみ》の戦《たたか》い…… 77·80·94·98·127
鳥羽離宮《とばりきゅう》…… 26·30～32·41·98
鳥羽離宮跡公園《とばりきゅうあとこうえん》…… 26·30·98
豊国神社《とよくにじんじゃ》…… 58
豊臣秀吉《とよとみひでよし》(秀吉)…… 17·22～24·29·34·36·(37)·(38)·40·41·43·44·(45～48)·(50)·(52)·(54)·(56～58)·(60)·(62)·(63)·(65)·(68)·(92)·117
鳥居元忠《とりいもとただ》…… 62·63

【な行】

長尾天満宮《ながおてんまんぐう》…… 39
仁明天皇《にんみょうてんのう》…… 26
仁明天皇深草陵《にんみょうてんのうふかくさのみささぎ》…… 96·127
ぬりこべ地蔵尊《じぞうそん》…… 96·126
乃木神社《のぎじんじゃ》…… 28·91
乃木神社資料館《のぎじんじゃしりょうかん》…… 119

【は行】

長谷川等伯《はせがわとうはく》…… 38
秦氏《はたし》…… 16～18·68·74
旗塚《はたづか》…… 18
秦伊呂具《はたのいろぐ》…… 17
初午大祭《はつうまたいさい》…… 17·24
羽束師神社《はづかしじんじゃ》…… 41
日野薬師《ひのやくし》…… 39·100
深草《ふかくさ》うちわ…… 24
深草瓦《ふかくさがわら》…… 24
深草聖天《ふかくさしょうてん》…… 96·126
深草弥生遺跡《ふかくさやよいいせき》…… 12
福山城《ふくやまじょう》…… 59
藤森神社《ふじのもりじんじゃ》…… 18·20·96
藤森神社宝物館《ふじのもりじんじゃほうもつかん》…… 119
伏見稲荷大社《ふしみいなりたいしゃ》…… 11·14·16·17·20·68·91·96
伏見義民《ふしみぎみん》…… 74·76
伏見九郷図《ふしみくごうず》…… 28
伏見港《ふしみこう》…… 66·82·84·88·118
伏見市《ふしみし》…… 76
伏見城《ふしみじょう》(旧伏見城)…… 24·29·37·43·44～46·48·50～52·54～56·58～65·68·72·73·(84)·(86)·92·117·119
伏見城跡出土遺物展示室《ふしみじょうあとしゅつどいぶつてんじしつ》…… 119
伏見松林院陵《ふしみしょうりんいんのみささぎ》…… 94·127
伏見殿《ふしみでん》…… 28·29
伏見人形《ふしみにんぎょう》…… 24
伏見《ふしみ》の酒《さけ》…… 68·72·84·86·88
伏見《ふしみ》の大仏《だいぶつ》さん…… 22
伏見宮家《ふしみのみやけ》…… 29·42
伏見奉行所《ふしみぶぎょうしょ》…… 80
伏見奉行所跡《ふしみぶぎょうしょあと》…… 57·94·127
伏見祭《ふしみまつり》…… 61
伏見《ふしみ》みなと広場《ひろば》…… 90
伏見桃山城運動公園《ふしみももやまじょううんどうこうえん》…… 42·50·72
豊後橋《ぶんごばし》…… 47～49
法界寺《ほうかいじ》…… 39·100
豊国神社《ほうこくじんじゃ》…… 58
宝塔寺《ほうとうじ》…… 78
宝福寺《ほうふくじ》…… 60
墨染寺《ぼくせんじ》…… 22·96
戊辰戦争《ぼしんせんそう》…… 80·81·90·91
戊辰戦争慰霊碑《ぼしんせんそういれいひ》…… 81
戊辰之役東軍戦死者之碑《ぼしんのえきとうぐんせんししゃのひ》…… 91
濠川《ほりかわ》…… 65·66·80·83·84·90·118

【ま行】

三栖閘門《みすこうもん》…… 82·83·90
三栖閘門資料館《みすこうもんしりょうかん》…… 82·118
三栖神社《みすじんじゃ》…… 126
南浜《みなみはま》…… 65·66·78·82
京《みやこ》エコロジーセンター…… 119
妙教寺《みょうきょうじ》…… 52·91·102
向島城《むかいじまじょう》…… 46·47
明治天皇伏見桃山陵《めいじてんのうふしみももやまのみささぎ》…… 48·50·72·91·92
桃山大葬列《ももやまだいそうれつ》…… 86
文覚上人《もんがくしょうにん》…… 41

【や行】

栄仁親王《よしひとしんのう》…… 29·42
四《よ》ツ辻《つじ》の四《よ》ツ当《あ》たり…… 94·127
淀小橋跡《よどこばしあと》…… 102·126
淀城《よどじょう》…… 47·52·53·90·91
淀城跡《よどじょうせき》…… 52·102
與杼神社《よどじんじゃ》…… 74·102
淀堤千両松《よどつつみせんりょうまつ》·戊辰戦争東軍戦死者《ぼしんせんそうとうぐんせんししゃ》の墓《はか》…… 90·102

【ら行】

洛中洛外図屏風《らくちゅうらくがいずびょうぶ》…… 50·51·72
六地蔵大善寺《ろくじぞうだいぜんじ》…… 41
路面電気鉄道《ろめんでんきてつどう》…… 75·84

索引

※はじめに·INTRODUCTION·地図·伏見歳時記·年表·おわりに、での記載頁は省略しています。

「THE 伏見」編集部

『THE 伏見』は、昭和60年（1985）創刊の、その名の通り「伏見」に特化したタウン情報誌。発行元の（有）伏見プランニングセンターは、観光やイベント企画、広告、まちづくり事業を手掛け、伏見万灯流しや酒蔵寄席、ジュニア河川レンジャー、観光案内所「伏見夢百衆」なども展開。『THE 伏見』は現在、不定期発行。

監修：永山恵一郎
制作：中川雄介
編集・執筆：上田ふみこ

撮影：田口郁明・山本正治

装幀：正垣敬一（デザインスタジオシンク）

企画：松田須英子

京都を愉しむ
歴史でめぐる 伏見の旅

平成27年10月4日　初版発行

編　　者｜「THE 伏見」編集部
発 行 者｜納屋嘉人
発 行 所｜株式会社 淡交社
本社　〒603-8588　京都市北区堀川通鞍馬口上ル
営業075−432−5151　編集075−432−5161
支社　〒162-0061　東京都新宿区市谷柳町39−1
営業03−5269−7941　編集03−5269−1691
http://www.tankosha.co.jp
印刷・製本｜図書印刷株式会社

ISBN978-4-473-04042-8